U0886081

感悟人生智慧书系

糊涂的智慧

山湖居士◎编著

SPM
南方出版传媒
广东人民出版社
·广州·

图书在版编目（CIP）数据

糊涂的智慧/山湖居士编著. —广州：广东人民出版社，2015.4
（感悟人生智慧书系）
ISBN 978-7-218-09921-7

Ⅰ. ①糊… Ⅱ. ①山… Ⅲ. ①佛教—人生哲学—通俗读物
Ⅳ. ①B948-49

中国版本图书馆 CIP 数据核字（2014）第 307809 号

Hutu De Zhihui
糊涂的智慧
山湖居士 编著
版权所有 翻印必究
出 版 人：曾 莹

责任编辑：肖风华 温玲玲
封面设计：鸿蒙诚品
责任技编：周 杰 黎碧霞

出版发行：广东人民出版社
地 址：广州市大沙头四马路 10 号（邮政编码：510102）
电 话：（020）83798714（总编室）
传 真：（020）83780199
网 址：http：//www.gdpph.com
印 刷：三河市九洲财鑫印刷有限公司
开 本：787mm×1092mm 1/16
印 张：12.5 插 页：1 字 数：175 千
版 次：2015 年 4 月第 1 版 2015 年 4 月第 1 次印刷
定 价：29.80 元

如发现印装质量问题，影响阅读，请与出版社（020-83795749）联系调换。
售书热线：（020）83795240

前言

也许，你曾遇到过这样的情况：

相识多年的朋友，却突然和你反目成仇；

遭遇了挫折，却有人向你落井下石；

身处职场，却有人对你的升迁暗中使坏；

没做坏事，却被人恶意诽谤冤枉；

……

在这些时候，你或许会发出这样的感叹："做人难，处世难，难于上青天。"感叹过后，你会怎么办呢？有没有一种策略或智慧能让你摆脱这些烦恼呢？

有一种人，天生愚蠢笨拙，不分黑白美丑，因此常有错误的言行；有一种人，生性敏锐聪慧，善于投机取巧，却常常聪明反被聪明误。这两种人，一个是真糊涂，一个看似是真聪明，然而他们所做的事却都是真正的糊涂事。

还有一种人，他们看似平平无奇，可是却很少做出错误的行为，似乎每一个举动都是那么恰到好处。有时他们会做一些让人觉得很糊涂的事，但最后的事实却证明了，他们的糊涂换来了事业的成功和美好的人生。这种人往往会成为社会中的强者或智者，他们深谙糊涂之道，对他们来说，糊涂就是一种万能的策略，一种通达的智慧。

我们每个人都有必要研究一下糊涂的学问，在糊涂中寻找人生的哲理与智慧。

糊涂的学问可见于儒学中提倡的“中庸”，道学中提倡的“无为”，更常见于佛学中提倡的“自在”。它们之间有着异曲同工之处，但佛学的糊涂更显宽容和博大。它是包容，是隐忍，是豁达，是圆通。人之在世，无非是修身、齐家、立业、治国，无论做什么，都离不开糊涂的智慧。

事实上，佛学中的糊涂，不仅是一种智慧，也是一种修为。那些有着高深智慧的人，往往知道何时糊涂、何时聪明；那些有着高深智慧的人，往往还有着坚强、无私等可贵品质。这是因为糊涂包含着隐忍，而隐忍能锻炼人的心性；糊涂包含着接纳，而接纳能扩展人的胸怀。所以，智慧的糊涂对于一个人有着无尽的好处。

有鉴于此，本书从佛学的角度出发，搜罗了历代禅师或名僧的佛教公案，选取了最具智慧但是又诙谐有趣的故事，对其进行了深入的解读，力求从中挖掘出“糊涂的智慧”。

本书行文上词句精练，组织上逻辑分明，思想上哲理深刻，内容上意味悠长。无论你对佛学一窍不通还是有一定的研究，都能从本书中得到有益的启示，开启心中智慧的大门。

智慧向来是一点一滴地获得，修为向来是一丝一毫地递增，然而，你却未必需要一步一步地去增加自己的修为和智慧，因为本书就是一艘能够携你前行的快船，让你尽快到达彼岸。

本书的故事可以启发你的灵心，而点睛之笔又可以擦拭你的悟性。当你读完本书，或许就可免去人生中的大多数烦恼。

糊涂是为人处世的豁达大度，既能拿得起，也能放得下。糊涂的智慧可以给你一颗自由的心，用这颗自由的心去重新审视世界和人生。拥有了糊涂的智慧会让你感到心灵获得自由，灵魂获得解放。

佛学包罗万象，其义深邃，糊涂的智慧虽然可以通过文字形容和描述出来，但是深层的东西还是需要读者朋友们去静心体悟并不断实践才能获得。

糊涂是一种坚忍、宽容、圆通的心态，至于用多长时间掌握以及掌握到何种程度，因人而异，但都需要控制自我、时时自省才能功行圆满，彻底领悟这种人生大智慧，正如清代文学大家郑板桥所说："聪明难，糊涂难，由聪明到糊涂更难。"

目录

第一章 心不动，不动则无忧：人生难得是糊涂 1

无门禅师说："春有百花秋有月，夏有凉风冬有雪；若无闲事挂心头，便是人间好时节。"不管世间的变化如何，只要我们的内心不为外境所动，则一切荣辱、是非、得失都不能左右我们。这就要求我们必须懂得糊涂的智慧。糊涂能让我们在面对一切时都淡然处之，以静养心。

克制 1 个欲望还是满足 1000 个欲望 / 2

大智若愚：糊涂恰是真正的精明 / 4

糊涂一些才能着眼于人生的幸福 / 6

自作聪明的人往往与成功无缘 / 8

守柔不争，糊涂者得天庇护 / 10

第二章 忍小气，不至受大气：装装糊涂海阔天空 13

人生难免会遇到受气的时候，而受的气就好比是苦涩的良药，虽苦涩，却有益。聪明的人懂得什么时候应该故作糊涂，对别人的挑衅装聋作哑，韬光养晦。他们善于隐藏自己的锋芒，不与人争，低调如水，容纳一切。

眼中有日月，照清天下之事；腹中有乾坤，容天下难容之人。只有如此，方可悠然处世。

糊涂是一种保护色 / 14
糊涂的人懂得居安思危 / 16
以退为进，海阔天空 / 18
懂得糊涂会让你广结善缘 / 22
糊涂则心安，心安则无躁 / 25

第三章　闻毁誉，且当耳旁风：荣辱于我是浮云　29

闲看庭前花开花落，漫随天外云卷云舒。人生需要的就是一份心情的悠然惬意，不应对喜忧与荣辱执意过多。花朵开得再艳丽，也迟早会衰败凋谢；太阳再耀眼，也迟早会落山。谢掉花朵的枝条还会重新开花；太阳从西山落下，又会从东海升起。一切都是那么的自然，你又何不多些自在，笑对喜忧与荣辱呢？它们总是来来去去，不会因你而长久驻留。作为一个智者，应当看清这一切，可随性自在，难得糊涂。

糊涂看虚名，落得一身轻 / 30
自得其乐，荣辱于我是浮云 / 32
糊涂可忍性，大度能成事 / 35
精明是烦恼，糊涂是超然 / 38
过分刚强也是一种欲望 / 40
福祸相生，不必计较当前处境 / 42
得失不须太分明，该放下时当放下 / 44

第四章　不争者，莫能与之争：糊涂是种以退为进的智慧　49

佛语有云：“争是不争，不争是争。不争静心，净心而得。”人生在世，矛盾重重，各种环境、心境、人性的阴暗面都杂糅于人际交往之中，唯有大智若愚，“糊涂”应对，才能赢得自己的立足之地。

学会藏辉，懂得糊涂 / 50
大智若愚，大巧若拙 / 52
低头才能看清脚下的路 / 55
欲壑难填，人生万空 / 58
骄纵狂傲必然自食恶果 / 61
精明过头乃智者大忌 / 63
乐生于糊涂，忧生于执着 / 66
饱满的稻穗总是低着头 / 69
他有他的花园，你有你的沃土 / 72
以退为进，寻找成功捷径 / 74

第五章 无悲喜，看花落花开：一分糊涂一分安宁 77

宠辱不惊，闲看庭前花开花落；去留无意，漫随天外云卷云舒。人有悲欢离合，月有阴晴圆缺，此乃天之道也。所以，欢乐时不应太过欣喜，悲哀时也不必太过沉重，凡事无需计较太多、精明太过，多一分“糊涂”，就能多一分安宁。

糊涂点吧，人生没有完美 / 78
没有谁是一无所有 / 81
追寻虚无缥缈，莫如知福惜福 / 85
花要半开，酒要半醉 / 87
没有永恒的快乐和痛苦 / 90
尽人事听天命 / 93
天地本不全，人生亦应不全 / 96

人生在世，一箪食，一瓢饮，足矣 / 98
保持平和的心态，才是真正的智慧 / 100

第六章 知感恩，念好不记仇：糊涂一些看世界，美景处处 105

“百年轮回千年等，他世不做陌路人。物事人非性已改，依旧不泯养鱼恩。”他人纵有千处不好，也总有一处是好的。与其苦苦念着他人对你的伤害，彼此结怨千年，不如“放下屠刀，立地成佛”，用一颗“糊涂”的心去化解愁怨，感恩万物，看尽世间的美好。

吕端大事不糊涂 / 106
糊涂灭心火，智慧燃佛灯 / 109
糊涂去算人情账，多把鲜花赠仇人 / 112
莫怨天，莫尤人 / 115
不要只盯着别人，问题就在你自身 / 118
“糊涂”的人从不想去改变世界 / 121
“糊涂”地宽恕，比教训有效 / 125
感谢给你苦难的众生 / 127

第七章 懂包容，糊涂则心宽：成功者都有海纳百川的胸襟 131

荀子有云：“君子贤而能容罢，知而能容愚，博而能容浅，粹而能容杂。”人的心只有拳头那么大，可一个好人的心容得下全世界的人。懂得包容，才会拥有海纳百川的胸襟。“糊涂”者包容，包容者心宽，心宽便是成功的开始。

见人之长，容人之短 / 132
至察无徒，不必事事认真 / 135
知容忍，方能成大器 / 138

海纳百川，有容乃大 / 141
糊涂看人：每个人都是缺角的杯子 / 143
学会糊涂，怨恨也会烟消云散 / 147
糊涂一些才能容下难容之事 / 150

第八章 惜缘祉，聚散一念间：和谐家庭不必事事洞明 153

前世修得千年缘，今生聚散一念间。于千万人之中，恰好你们走进了彼此的生活，这是一种缘分；于千万家庭之中，恰好你们走进了一家门，这也是一种缘分。缘分难求，应该珍惜彼此的情感，宽容待人；生活难缠，不必事事洞明，“糊涂”处事。

糊涂是维持夫妻关系的法宝 / 154
爱的细节里多些宽容 / 157
清官难断家务事 / 159
糊涂背后是大爱 / 163
不痴不聋，不做家翁 / 166
糊涂更能保护孩子的自尊心 / 168
儿孙自有儿孙福，且作糊涂由他去 / 171

第九章 若无物，何处惹尘埃：世上本无事，庸人自扰之 177

墨汁在画布上可以成字成画，而提笔在空中挥舞笔墨却无法写出任何东西。这是因为天地之间是一场空。因为其空无，所以不会沾染任何尘俗。人生亦如此。你能被烦扰所侵，正是因为你具有烦恼可着落之处，就如那画布。而适当的糊涂则可以助你接近菩提之心，摆脱诸多烦恼。

明镜亦非台，何处惹尘埃 / 178

不要让无谓的争执伤人害己 / 180

不吹毛求疵，才能发现生活的美好 / 183

懂得糊涂才能别出心裁成大事 / 185

懂得糊涂策略的人善于收敛 / 188

第一章

心不动，不动则无忧：人生难得是糊涂

无门禅师说：『春有百花秋有月，夏有凉风冬有雪；若无闲事挂心头，便是人间好时节。』不管世间的变化如何，只要我们的内心不为外境所动，则一切荣辱、是非、得失都不能左右我们。这就要求我们必须懂得糊涂的智慧。糊涂能让我们在面对一切时都淡然处之，以静养心。

克制 1 个欲望还是满足 1000 个欲望

郑板桥曾说“难得糊涂”，寥寥四字却道尽了人生的真谛。无疑，从精明到糊涂是一种艰难的选择，意味着我们必须要有所放弃。对绝大多数人来说，放弃是一个痛苦的过程，因为欲望是人的天性，而放弃则是与欲望相悖的。

其实，适当的放弃会让人更快乐。

要做到放弃，首先就要克制自己的欲望。适度的欲望是一种必要，但如果欲望过度，势必将自己引向毁灭。

在喜马拉雅山某个不为人知的地方，青年喇嘛扎西进行着为期三年的闭关静修。三年以后，他出关了，人们为他举办了盛大的仪式。就在这场仪式上，扎西邂逅了一个叫芭玛的少女，并无法自拔地爱上了她。

扎西把自己的烦恼告诉师父阿普喇嘛，师父劝诫他要一心修行，克制自己的欲望。但扎西对师父说：“释迦牟尼 29 岁成佛，在此之前，他尝过了人间的一切。而我呢？从 5 岁起就一直呆在寺院里，什么也没有经历过。我们怎知佛祖的觉悟不是直接由俗世生活引起的？佛祖曾说，‘你不应道听途说，要接受我的教诲，除非你明白我的立场。’我们必须抛开成见，有些东西，必须拥有之后，我们才能放弃！”扎西决定还俗，去走释迦牟尼29 岁以前走过的道路。于是，他在一个夜晚逃离了寺院。

在尘世中，扎西有了妻子和儿子，有了农田财产，满足了一个接一个的欲望，并开始放纵自己，去追逐更多的欲望。他一度认为，这就是他想要的一般人的生活，这些就是所谓的“幸福”。然而，在放纵中经历了生活的种种快乐与不幸之后，扎西发现世俗的“幸福”没有给他快乐，反而使他更加怀疑自己、怀疑人生。

几年后，阿普喇嘛去世了。临终前，他托人给扎西捎来了口信：“人的一生，是满足一千个欲望，还是战胜一个？”

扎西在尘世间尝到了爱欲、生气、嫉妒、偷情、猜忌等人生的滋味——这些全是欲望所致。他终于明白，欲望是无止尽的，当一个欲望满足后，便会有千百个欲望泛滥而出。幼年出家的扎西，在经历了数年的世俗生活后，依然会在欲望面前感到迷茫。在一个深夜，扎西告别了熟睡中的妻儿。他要逃离尘世重新回到山里修行，如那天夜里逃离寺院一样。

【感悟】

扎西为了满足爱欲，不顾师父的劝诫还俗。然而，身在尘世中，他面对的不只是一个欲望，更多的欲望在诱惑着他，并让他以为这就是在追求幸福。最终，无止境的欲望让扎西疲惫不堪，幸福感也逐渐离他远去。

不管是从佛法修行的角度还是从人生幸福的角度来看，克制一个欲望，要比满足它，接着继续满足它带来的无数个欲望要更容易，更能让我们感到快乐和满足。只不过我们已经被欲望迷住了双眼，看不透这个问题的本质罢了。

实际上，在现实生活中我们经常遇到类似的考验，比如，当我们看见一款精美的高档皮包正在大打折扣时，尽管并不需要它，但还是会产生一种强烈的购买欲望。不过，一旦买了这款高档皮包，我们的麻烦也就接踵而至了。

首先，我们可能会发现自己的衣服似乎与这皮包格格不人，于是决定去买一身高档的衣服；有了高档的衣服和皮包，我们又注意到穿这身行头挤公交车已经不太合适了，于是便咬咬牙买一辆汽车；买了汽车之后，又考虑是不是要换一套更好的房子……这个时候，我们才赫然发现，自己已经变成了欲望的奴隶。

如何克制自己的第一个欲望?

活得糊涂一些。糊涂，是一种真正的大智慧，糊涂的人是真正的智者。我们不要等历经沧海桑田，阅尽人间兴衰，尝过苦辣酸甜之后才想到要糊涂起来，而要时时把糊涂放在心头。在诱惑面前，不要让自己生出不合理的欲望，要对一切淡然处之，以静养心。心不动，不动则无忧。

【糊涂的智慧】

适时的糊涂，会让我们不生妄念，不放纵欲望。有时候，克制一个欲望，就能避免一场心灵的大火。只有经过一番“糊涂”的洗涤、磨炼之后，我们的境界才能得到提升。

大智若愚：糊涂恰是真正的精明

生活中，有聪明的人，也有愚笨的人。愚笨的人生怕被别人笑话，而聪明的人又生怕别人不知道自己聪明。其实，很多时候，聪明的人反而会做出愚蠢的事情。而有些聪明人却能通过假装愚笨而做出不愚蠢的事情。

大智若愚，就是一种故作糊涂的智慧。

明朝的况钟被人亲切地称为“况青天”，是一个有名的好官，同时也是一个善于装糊涂的官。

起初，况钟只是追随在尚书吕震左右的一员小吏，由于头脑精明，办事忠诚可靠，受到吕震的赏识，并推荐他做了主管，然后又升了郎中，最后当上了苏州知府。

由于自己最初就是一名吏员，所以况钟对吏治中的积弊有着深刻的了解，对苏州小吏的奸猾也非常清楚。然而，况钟并没有像其他知府那样刚到任就着手吏治，而是假装成一个对政务一窍不通的糊涂官，不管什么事都要问一问。

当小吏们拿着公文请他批示时，他就假装什么都不知道，瞻前顾后地询问小吏们，小吏说可行的，他就予以批准，小吏说不行的，他就不予批准，凡事皆听小吏们的意见和安排。

就这样，手下的官员小吏们都以为况钟是个名不符实的笨蛋知府，个个眉开眼笑，手舞足蹈，徇私舞弊也更加大胆了起来。

没想到，3天后，况钟突然将全体官员召集起来，脸上再也不是往日的温柔愚笨。他严肃地环视着众人，厉声责骂：“你们这些个小吏呀，个个以为我是个糊涂蛋，在我面前耍诡计，真是可恶至极。有的事情明明可行，你们非说不行，有的事情明明不可行，你们却说可行。真是一班奸佞之徒！”小吏们被突然发威的况钟惊得一句话都不敢说，大气也不敢出。

况钟训斥完毕后，当即下令将其中的几个小吏捆绑起来，痛打一顿，然后丢到街上。

从此，其他小吏们再也不敢肆意妄为、违法乱纪，当地的吏治因此而得到了改善。

【感悟】

立身处世，最需要聪明和智慧，但聪明与智慧有时候却依赖糊涂才得以体现。

放一着，退一步，当下心安，非图后来福报也。绝顶聪明的人，不是故意装糊涂，而是把自己的锋芒收敛起来。

【糊涂的智慧】

智慧越高的人，往往表现得越愚笨。弥勒佛袒胸露乳呵呵憨笑，却具有泰山崩于前也面不改色的高深修养。

糊涂一些才能着眼于人生的幸福

《绍兴晚报》曾经报道过一则新闻，大意是说：有一户丁姓人家，一家八口人全部住在一个院，同吃着一锅饭。几十年来，全家人一直和和睦睦，从来不争吵也不分家。究其原因，是因为没有一个家庭成员对钱财或物产斤斤计较，在他们家，经济很大程度上就是一笔“糊涂账”。

现在许多家庭，小夫妻与长辈们往往很难住在一起，小两口因为利益问题闹矛盾乃至闹离婚的也不在少数，总是把账算得太细，总觉得对方对自己不够好，自己太吃亏。这种心态使得两代人住不到一块，两口子间也难以和谐。殊不知，幸福就在这一次又一次的吵闹中悄然逝去了。

而丁姓人家正因为适当的糊涂，反而能享受到和美的幸福。

“糊涂”并不是傻，而是真正的聪明，它不是愚昧，而是把自己的聪明深深地藏在“糊涂”之中，把世间一切当成舞台，让自己成为观众。这是一种智慧，一种修养，一种气度。这样的人，成功也才是必然的。

王羲之是有名的大书法家。他十岁时就已经非常聪明伶俐了，因此十分受大将军王敦的喜欢，王敦常常将他带在身边，有时甚至帐中同寝。

一天，王敦比平时起得早，属下钱凤急匆匆地走了进来，与王敦密议起了叛国起兵的大事。王敦忘了王羲之还在帐中睡觉。

而此时的王羲之实际上已经醒了过来，他躺在床上将王敦与钱凤的密谋听得一字不漏。他清楚王敦若发现，必会杀了他，绝无侥幸存活的可能，便赶紧吐出口水，把被褥、床头和自己的面颊、嘴角全部涂了一遍，再接着假装熟睡。

果然，王敦正与钱凤谈得津津有味，忽然想起王羲之还在帐中，不由大惊道："糟了！如今不得不将这小孩子给除掉了。"

王敦走到床前，打开帐子一看，只见满床都是唾液，玷污了一大片，王羲之仍然在酣睡中，仿佛正做着美梦呢，于是，便留了王羲之的性命。

为了事业的成功，为了保住谋反的秘密，王敦绝不会放过任何一个不该知道这个密谋的人，所以，醒着的王羲之绝对会被王敦不假思索地杀死。而王羲之通过假装熟睡的方式，解除了王敦对自己的猜疑，保全了自己的性命。

王羲之看似糊涂，实则高明。

【感悟】

实际上，"糊涂"是一种大智若愚的谋略，它可以助你大鹏展翅，可以助你渡过难关，也可以使你在危难之中免受权势和阴谋者的谋害。

糊涂，不是玩世不恭的生活态度，不是麻木颓废、糊里糊涂的处事方式，否则只会失去生活的激情，失去奋斗的力量，失去乐观的心态，冷漠厌世，终日将自己囚禁在狭隘的心灵之中。每个人都有自己的处事方式，在自己原则的范围之内，有的事情可以用模糊的态度处理，但心一定要如明镜般透亮，绝不糊涂。

“难得糊涂”是一种只有经历过各种风霜以及人生坎坷后才能明白的真谛，也是一种人生境界。

【糊涂的智慧】

“糊涂”的真境界其实就是雾里看花，有一种朦胧之美，其中真意只可意会不可言传，至于如何才能领悟，完全取决于你自己。“糊涂”是一门艺术，只有深谙其道的人，才可以潇洒走人生，无往不胜。

自作聪明的人往往与成功无缘

虽然聪明不是什么坏东西，但是自古以来，却不知道有多少人因为过于聪明反而误了事。其实，聪明并不是智慧，要想把聪明转变成智慧，就必须不断实践，在智慧的基础上行动，才能够事半功倍。

有一位哲学家，非常有名，而且有着高雅的气质，因此受到很多女人的倾慕。有一天，一个女子找到他并向他表达了爱慕之情，哲学家对这个女子也很满意，却仍然习惯性地回答道：“知道了，让我考虑考虑。”女子说：“错过我，你将再也找不到比我更爱你的女人了！”

之后，哲学家就开始仔细地分析。他自以为聪明地用平时研究学问的精神，将结婚和不结婚的好处与坏处分条罗列了出来，结果发现好处和坏处一样多。这下他不知道到底该如何抉择了。

经过长期苦恼的思考，他终于在最后得出了一个结论——一个人若在面临抉择而无法取舍的时候，应该选择自己尚未经历过的那一个。不结婚的状况他是清楚的，但却不知道结婚后会是个怎样的情况。于是，他觉得应该答应那个女人的请求。

哲学家来到女人的家中，问她的父亲："你的女儿呢？请你告诉她，我考虑清楚了，我决定娶她为妻！"女人的父亲冷冷地回答："你来晚了十年，我女儿现在已经是三个孩子的妈了！"

哲学家听了，整个人几乎崩溃，他万万没有想到，他向来引以为傲的精明头脑，最后换来的竟然是一场悔恨。他终于明白，聪明的狐狸为什么常常落不到好下场了，因为他们经常"聪明反被聪明误"。

【感悟】

聪明人往往对自己的聪明过于自豪，因此忽略了其他的因素，比如行动，比如他人。

聪明是一柄双刃剑，既可以让人成功，也能给人带来灾难，关键在于怎样去把握和使用。真正的聪明人往往都是大智若愚、沉默寡言的，他们绝不会随便表露，更不会让别人知道他聪明。真正聪明的人未到关键时刻，绝不轻易展现自己的聪明，即使展现，也要尽量不让人家难堪，不惹人家眼红，更不使人家心忌。

"大智若愚"，重在一个"若"字，"若"字后面掩藏了巨大的假象，掩饰了真实的野心、权欲、才华和感情。大智若愚的人表面糊涂，内心却明白。

其实，聪明就是糊涂，糊涂就是聪明。自认为聪明的人其实并不聪明，而自认为很笨的人根本不笨。

聪明人其实有很多机会，可是却容易栽进陷阱里，他们被自己的聪明给蒙蔽住了慧眼。

【糊涂的智慧】

聪明既不是错，也不是罪，关键是要知道如何巧妙合理地将自己的聪明利用好，这样，才能为自己的人生锦上添花，而不会让它成为美丽的包袱。

守柔不争，糊涂者得天庇护

“守柔不争”是糊涂修身的原则之一。弓弦因其柔而得以蓄力，软水因其柔而得以蓄能。柔，并非一无是处，而恰恰是天地间存在的一种美好的特性。风无形无重，然而狂风劲吹时，却有着强大的力量，舞动落叶、扭曲枝条甚至折断树干。柔只是一种特质，并不代表柔者只能柔。

刚者虽强，却未必比柔者有力。柔者往往因其柔而能够获得更大的力量。

做人也是如此，不应该一味地去追求刚强，因为，越是刚强者就越容易受到挫败。再难折弯的木头，也会在强大的作用力下断裂；再坚硬的岩石，也会在风吹日晒下逐渐化为沙砾。

所以，守住内心的柔性，做到凡事不争执、不逞强，就是增强自己的智慧。

守柔不争，就是要学会退让。懂得退让的人更能够赢得他人的尊重，并且，退让也是一种知晓糊涂之道的待人处世艺术。

春秋时的宁武子是卫国很有名的大夫，他经历了卫文公到卫成公两代完全不同的朝政。

文公即位为卫国国君之后，大力整顿国政，使卫国的统治慢慢走上正轨，可以说是政兴人和。在这种环境下，宁武子凭借自己的智慧和能力，辅佐文公内修外治，大大增强了卫国的实力。

文公死后，成公即位为君，宁武子仍然作为两朝元老辅佐朝政。成公昏庸无道，卫国在他的统治下内忧外患不断，政治和社会形势一片混乱。然而，这时的宁武子却表现得与原来截然不同：不但愚蠢糊涂，而且整天无所事事，有人欺负到头上来也睁一只眼闭一只眼，从不与对方争执。后来，晋国与卫国交恶，宁武子帮助成公与晋国周旋，救了成公一命。

后来孔子评价说："宁武子，邦有道则知，邦无道则愚。其知可及也，其愚不可及也。"他的意思是，宁武子的聪明才智或许有人比得上，但他处于乱世的装糊涂，别人就很难做到了。

【感悟】

翻开历史，古代有很多以"愚"或"拙"为名号的人。也许很多人不理解：为什么人们喜欢用这种带贬义的字作为自己的名号呢？其实，能够适时地糊涂正是人生智慧的一种体现。守柔不争，不争，则莫能与之争。

只要糊涂一点，懂得主动退让，就能使对方也退让，也就保全了自己。很多时候，退让常常能避免进一步的摩擦和矛盾，大事化小，小事化了。

"争则不足，让则有余"，如果每一个人都能做到"守柔不争"，事情就会好办得多。

庄子认为"守柔不争"是避开祸事、明哲保身的行为。而今天，我们可以把它当成是大度的表现。我们应像古人所说的那样，"处利让利，处名让名"，守住一份"柔"。

不过，谦虚的同时，也要知道顺其自然，当柔则柔，该争则争，不可一味地守柔。

"柔能克刚，弱能制强。柔者德也，刚者贼也，弱者仁之助也，强者怨之归也。”这是《后汉书·臧宫传》中的话。柔弱者靠“仁”来软化矛盾，解决矛盾，用来对付刚强者更是有用。以刚克刚，两强相争，必然是互不相让，矛盾激化，越发不好解决。世上最强大的力量不是刚，而是柔。

“人性婉而从，物不竞不争，柔心而弱骨，不骄不忌。”这是《列子·汤问》中所谓的“柔心弱骨”。柔性不是软骨头，而是智者处世的策略和方法，这种柔弱就是“委婉”。委婉不仅不引人注目，不易树敌，而且还能在不知不觉中让对方失败，甚至能让对方立于己方立场。总之，世上最强大的是柔，而不是刚。

【糊涂的智慧】

“守柔不争”是柔中有刚、以柔克刚，绝对不是躲避矛盾、与人无争。在生活中，最不堪一击的往往都是那种锋芒外露、张牙舞爪的人，而那些深沉大度、茹而不吐者，则往往是智者和赢家。

第二章

忍小气，不至受大气：装装糊涂海阔天空

人生难免会遇到受气的时候，而受的气就好比是苦涩的良药，虽苦涩，却有益。聪明的人懂得什么时候应该故作糊涂，对别人的挑衅装聋作哑，韬光养晦。他们善于隐藏自己的锋芒，不与人争，低调如水，容纳一切。

眼中有日月，照清天下之事；腹中有乾坤，容天下难容之人。只有如此，方可悠然处世。

糊涂是一种保护色

人们往往害怕被别人说自己糊涂，然而，糊涂真的一无是处吗？有时候，恰当的糊涂恰恰是一种保护色，能够让自己不成为众矢之的，得到更好的隐蔽。

有的人是真糊涂，愚笨得很；有的人是真聪明，也愚笨得很；而有的人是假糊涂，却是真聪明，聪明得很。

魏军入川后，蜀后主刘禅投降，被送到洛阳。司马昭封他为安乐公，赐住宅，月给用度，僮婢百人。刘禅为表感谢，特意登门致谢，司马昭于是设宴款待，并以歌舞助兴。

当演奏到蜀地乐曲时，蜀旧臣们油然涌起国破家亡的伤怀之情，个个泪流满面，刘禅却麻木不仁，嬉笑自若。司马昭见状，便问刘禅："你思念蜀吗?"刘禅答道："我在这个地方很快乐，不思念蜀。"他的旧臣郤正听闻此言，连忙找个机会悄悄对他说："陛下，等会儿若司马昭再问您，您就哭着回答：‘先人坟墓，远在蜀地，我没有一天不想念啊！’这样，司马昭就能让陛下回蜀了。”刘禅听后，牢记在心。

酒至半酣，司马昭果然又发问，刘禅赶忙把郤正教他的话学了一遍，只是欲哭无泪。司马昭听了，说道：“咦，这话怎么像是郤正说的？”

刘禅惊奇道：“你说的一点不错呀！”司马昭及左右大臣全笑开了。司马昭见刘禅如此老实，从此就再也不怀疑他。刘禅就这样在洛阳安乐地度过了余生，传下了这令人捧腹的“乐不思蜀”的典故。

【感悟】

刘禅看起来似乎是愚痴之辈，在史书上也被形容为“烂泥扶不上墙”。然而，身陷敌营的刘禅，或许恰恰是以一种故作糊涂的方式来保全自己。如果不是将糊涂痴愚作为保护色，刘禅能否在洛阳安度余生都是个未知数。

所以，不用害怕糊涂，更不要害怕别人认为你糊涂。

糊涂并不只是一个方法、一种策略，更是一种紧急关头的机智和果敢。曹操邀请刘备饮酒吃饭，聪明的刘备正是知道曹操的意图，因此在酒席上装傻充愣，让曹操以为自己是个没有见识的人，闪电袭来时更是假装吓得拿不稳筷子，还躲在桌子下，让曹操以为自己是个怯懦之辈，没有真能力。刘备的装傻充愣其实也是“故作糊涂”的另一种体现。

总之，有时候，糊涂是一种必要，而人生中，必须佯装糊涂的时候会有很多很多。所以，尽可能地让糊涂成为自己的保护色吧。

【糊涂的智慧】

矛盾之时让一步，可以避免争执；争执之时退一步，可以避免灾祸；而灾祸临头时，稍微转动一下脑筋，或许就能发现一种恰当的退身方式。

糊涂的人懂得居安思危

古语有云："人无远虑，必有近忧。"这句话告诫后人要懂得居安思危，懂得为自己留余地、留退路。

从古至今，多少故事都在一而再，再而三地验证着一个道理，那就是祸福总是相伴相生的。要想在生活中做到从容进退，就要具备智慧。

无论做什么事情，都应该先考虑全身而退的方法，然后再思考怎样锐意进取——不思进，先思退。想要避免祸事，就要明哲保身，懂得适可而止。

许攸和曹操从小就是好朋友。后来，在家人犯法被抓后，许攸背叛了一直跟随着的袁绍，投奔了曹操，他带来的情报使得曹操偷袭乌巢大获全胜。后来，曹操夺取冀州，许攸也有很大的功劳。

从此，许攸就居功自傲了起来，他拥兵自重，屡屡轻慢曹操，不仅经常对曹操口出戏言，甚至常常称呼曹操的小名，即便是正式场合也依然我行我素，不知收敛。

有一次聚会，许攸当着众人的面对曹操说："阿瞒，如果没有我，你也是得不到冀州的啊。"曹操听到后当即哈哈大笑道："你说的倒是一点没错。"曹操嘴上虽这么说，心里却极为不高兴，心想这个许攸实在是太狂妄无礼了。

后来有一次，许攸率随从出邺城东门，他指着城门对左右从人得意地说："他们曹家要是没有我，出入不得此门。"有人向曹操告发了这件事，曹操终于忍无可忍，杀了许攸。

许攸正是因为恃宠而骄、恃功而傲，不懂得收敛和适可而止，才丢了性命。像他这样不懂得弱化自己的功劳，不知道隐藏自己的聪明的人，被杀也是自找的。

相反，清代的曾国藩就是一个聪明的人，在功成之后，通过做别人眼中的糊涂事而保全了自己的利益。

当太平天国运动如火如荼地进行着的时候，曾国藩正在湖南家乡为母亲尽孝守丧。由于八旗兵和绿营兵在太平天国军面前不堪一击，节节败退，清政府只好下令，要求各省组织地方团练，成立地方武装，以镇压太平天国军。

于是，曾国藩就亲手创建了湘军水师和陆师，组成人员有他的亲朋好友、同乡、同学以及门生，水师和陆师全部听从曾国藩一个人的命令，不接受政府的调遣。

曾国藩一手打造的湘军军纪十分严明，军械全是洋枪洋炮。湘军在曾国藩的指挥下爆发出了强大的战斗力，终于使得太平天国军受到了挫败，并攻占了太平天国的部分地区。鉴于曾国藩以及湘军的功劳，清廷将江苏、安徽、江西和浙江四省的军务都委托给了曾国藩，让他拥有对这四省的巡抚、提督以及其他文武官员的管辖权，以鼓励其继续镇压太平天国军。

曾国藩的亲朋好友闻讯后纷纷向他祝贺，而曾国藩却从不敢张扬。

很快，太平天国运动就被曾国藩给镇压了下去。咸丰帝封他为一等毅勇侯，且能世袭。这让曾国藩的家人和亲朋好友非常欣喜。

但曾国藩并没有因此而得意，反而奏请朝廷裁汰了湘军。大家都觉得曾国藩糊涂了。

原来，曾国藩是担心树大招风，引起朝廷的猜忌和别人的嫉妒，落得兔死狗烹的下场。由于湘军具有强烈个人隶属关系，清政府很难掌控，且曾国藩已经察觉到了朝廷对自己的忌惮，为了避免前功覆没、名声受损，他一直谋划着如何急流勇退。显然，裁汰湘军正应了朝廷之意。潜在威胁被消除后，清政府不再继续猜忌曾国藩，仍旧让他担任两江总督。

曾国藩懂得收敛，因此能够功成身退，既打消了当权者的怀疑，又没损耗自己的利益，可谓是中国历史上最为成功的官员之一。

【感悟】

无论是不知进退的许攸，还是进退自如的曾国藩，他们的故事都说明了一个道理，那就是不能忘记居安思危。人生最大的危险就是不清楚自己的位置，常常做出出格的事情。

自古以来，那些立功后就颐指气使，在领导面前盛气凌人、功高震主的人，通常都落得“兔死狗烹”的下场。因此，无论对何人何事，都要切忌居功自傲，要学会装蠢装笨。

【糊涂的智慧】

祸兮福之所倚，福兮祸之所伏。沧海尚可变成桑田，巨石犹能碎为沙砾，更何况一时的成功与安逸呢？万物都会生变，所以，要时时刻刻做好应对变化的准备。

以退为进，海阔天空

以退为进是大智慧，然而，并不是人人都具备这样的大智慧。大多俗世中人，在争取其利益或追求其目标的路途上一路向前，却从来不记得观察路边的风景，仿佛只要稍微一停顿，就再也无法得到其利益或达到其目标了。如果，这时有人加入和他争夺同样的利益或目标，他就更是忧心如焚，恨不得多生一双腿，立刻达到目标，因此，他们往往容易与别人发生激烈竞争，甚至争得头破血流，最终两败俱伤。

汉代有一个叫公孙弘的丞相，幼时家里十分贫穷，因此他养成了节俭的习惯。即便后来贵为丞相，他依然过着十分俭朴的生活，吃饭只有一个荤菜，睡觉也只盖普通的棉被。

然而，万万没有料到的是，大臣汲黯居然因为公孙弘过于节俭而向汉武帝参了一本，批评公孙弘位列三公，俸禄也相当可观，却只肯盖普通的棉被，这简直就是为了沽名钓誉而故意装出来的，目的是为了让人们夸赞他俭朴清廉。

于是，汉武帝将公孙弘召来，问他汲黯所言是否属实。公孙弘面不改色地看着汉武帝回答道："汲黯说的完全正确。他是满朝大臣中与我交情最好的一个，对我的情况最为了解。我确实只盖普通棉被，保持和普通百姓一样的生活水准。我的清廉确实是为了沽名钓誉而故意装出来的。这也多亏了汲黯对陛下忠心耿耿，才使得陛下知道了这些事。"

公孙弘这么一番话，反而让汉武帝深深地觉得他能够谦让做人，对他更加欣赏了。

面对汲黯的参奏，公孙弘在皇帝面前没有立刻否认，更没有对汲黯进行指责，反而如实承认，不仅让皇帝感到意外，就连汲黯也觉得出乎意料。然而，正因为他这么一退步，反而增加了皇帝对他的好感，这不正是"以退为进"吗？看似退了一小步，实则进了一大步。

"手把青秧插满田，低头便见水中天。六根清净方为道，退步原来是向前。"

李连杰自从出演了《少林寺》后便一发不可收拾，拍了许多部功夫片，一时变得大红大紫。后来他去好莱坞谋求发展，却几乎没有人看好他，四处碰壁。

等了很久，才终于有一家愿意请他出演的电影公司，让他出演一个反派，片酬100万美元。李连杰犹豫不决，一时不能给出答复。然而，等到他经过慎重考虑后答应这家电影公司的出演条件时，对方却突然改口了，片酬降为75万美元。75万美元虽然不算一个小数目，然而对于这个上世纪90年代的“功夫皇帝”来说，如今“沦落”到这个境地实在是让人难以接受。

不过，经过再三考虑，他最终还是决定出演。万万没有料到，对方又一次变卦：“50万美元，不演拉倒。”这50万美元中还包括经纪人、宣传公司、律师等各项费用。虽然如此，这次李连杰却没有再多一分钟的犹豫，立刻回复道：“没问题，我演。”。

就这样，李连杰参演了《致命武器4》，这是他的第一部好莱坞影片。尽管片中巨星云集，但李连杰在影片首映的当晚就获得7.5分，成为演员排行榜中的亚军。第二天，这家电影公司的老板亲自敲开了李连杰家的门，毕恭毕敬地邀请他做下一部片子的男主角。

于是，他在接拍第四部好莱坞影片时，片酬就已经达到了1700万美元。

李连杰以退为进，成功地敲开了好莱坞的大门。李连杰能有这样的修为，其实也不是偶然。他很早就名利双收，但后来也经历了很多事件，让他开始思考人生。1997年，李连杰正式拜师学佛，法号“成就金刚”。他说：“如果太以自我为中心，就会有很多痛苦，而抛掉自我中心的时候，就会非常快乐。这是我目前经常在学，经常在做的事情。”

大丈夫向来能屈能伸，能进能退。遇到困境后，与其怨天尤人，不如尊重现实，用迂回的方式前进。李连杰面对苛刻的片酬仍接下角色，绝不是犯糊涂，相反，他的脑中清醒得很。他明白这样一个道理：只有在实力证明了一切的时候，才能轮到自己说话。在好莱坞，检验实力的唯一标准就是演员的票房号召力，只要能争取到机会，再大的让步也值得。

有一个和尚，心浮气躁，总是想着出人头地，常常没深没浅地向同道讲经说法，或者在同道面前显示他的禅门武功，结果经常失口、失手，甚至出丑。老禅师点化他多次，提示他还得精心深造，好好修业，可他就是不听。

有一天，老禅师带他去行脚，一条三米多宽的水沟挡住了他俩的去路。功力深厚的老禅师抬脚就过去了，和尚却向着身后退了许多步，才趁着冲劲跳过沟去。

老禅师就问："你知道你刚才为什么要往后退一下才能跳过水沟吗?"

和尚答道："因为我的功力还不够，退退再往前跑就能产生冲力，只有这样以退为进，我才能跳过水沟。"

老禅师说："你刚才说的话里有一句禅意深邃的偈，领会好了，你将有大的发展和进步。"

和尚终于开悟，再不急着出风头，而是静下心来致力于文武禅修，终成文武双全的一代高僧。

【感悟】

有时候，适当的退步，是为了取得更大的进步。弓要想射出箭矢，就不得不先往后拉弦；弹簧要想产生弹力，就不得不先将自己压缩。

对于"以退为进"，其实很多人都知道，只是很少人能做到。在需要退的时候，好多人却犹豫不决，生怕因为这一退而遭受损失，他们无法长远看问题，看不到后退所带来的正面结果。

"以退为进"虽然不是时时处处都可以施行，但是"以退为进"本身却可以化炼成自身的潜在习惯。凡是在进退维谷的情况下，都可以对"退后”予以一番考虑，或许，就能发现退后之后的别有洞天。

韩信的忍受胯下之辱、勾践的卧薪尝胆、司马迁的忍辱负重，这些都是“以退为进”的某种体现。这样的例子，古往今来其实有很多。

【糊涂的智慧】

想要跳跃起来，就必须先弯曲双腿蓄力；想要吹气，就必须先张大嘴巴往肺腔蓄气。该退则退，不要有丝毫犹豫。何况有时是不得不退的。所以，不要害怕别人犯糊涂。当你退的时候也许有人笑你，可是当你一举超过别人的时候，别人恐怕就只能羡慕了。

懂得糊涂会让你广结善缘

“贫居闹市无人问，富在深山有远亲。”这句话无非就是说，一个人如果财大势大，就会有一群群的人主动贴上来巴结你。然而，这些主动对你逢迎的人却总是不那么可靠，因为他们看上的并不是你这个人，而是你的财产和地位。如果没有利益，这些人就会毫不犹豫地离开你。

只有善缘才是最稳固的人缘。结善缘的方式有许多种，其中最简单而有效的一种就是“糊涂”。

从前，有个放牛的孩子，极其聪慧，而且勤劳爱学，彬彬有礼。由于家里穷，父母供不起他上学，只好将他寄养在本地的一个乡绅家里给人家放牛。这个乡绅观察到了这个孩子的各种优点，十分喜欢他，因此，逢年过节都会特地为他做新衣裳，并且让他接父母一起到府里过年。

由于这个孩子勤奋好学又天资聪颖，乡绅决定供他读书。

这个孩子绝大多数时间都吃住在乡绅家，和乡绅家的儿子一同上学、放学。然而，渐渐地，他发现，自己每天的文章总是被乡绅儿子抄袭，本该是自己受到老师的夸奖，反而被乡绅儿子抢了去。不过，这个孩子丝毫不以为意，根本没把这事放在心中。后来乡绅从教书先生那儿知道了这件事，从此对这个孩子就更加照顾了。

有一次，有个商人登门拜访乡绅，结果在等待的时候，不小心将庭院中的一个盆景给打碎了。当时这个孩子刚好从庭院经过，看到了商人的举动。商人正犹豫要不要干脆逃走时，乡绅出来了。

乡绅一眼看见了被打碎的盆景，就问道："是谁这么莽撞？"商人偷瞟了这个孩子一眼，又看了看乡绅，却还是不敢承认。只听这个孩子对乡绅说道："这个……是我刚才在那儿擦汗时，袖子给带下来了……"

"哦。"乡绅叹了口气，"也罢，这就是它的宿命啊。"然后把商人迎了进去。商人对小孩报以感谢的眼神。

很快，这个孩子就十八了，在乡绅的鼓励下，他参加了科举考试，最后当了一个小县令。由于出身于贫苦人家，这个孩子秉公无私，为民请命，很快被提升为知府。他的父母、朋友以及乡绅都沾了光。不过，迅速的升迁让他受到别人的嫉妒，有人诬陷他贪赃枉法，使他蒙冤入狱，出狱后被贬回了小县令，而且削减了俸禄。

当年打碎乡绅家盆景的商人此时慷慨地对他施以援助，通过商人之间的口口相传，以及百姓们的请愿，上级知道了这个县令的冤情，最终让他官复原职。

无论是乡绅对放牛孩子的呵护，放牛孩子对乡绅儿子抄袭的缄默，还是乡绅对放牛孩子打碎花瓶的不究，放牛孩子对商人打碎花瓶的隐瞒，在外人眼中，恐怕都是糊涂之举，然而，他们却都因这些糊涂之举得到了真正可靠的人缘，这些人缘就是善缘。

处处都是善缘，就看你会不会结缘了。乡绅因放牛孩子的聪慧而对其进行资助是一份善缘，放牛孩子对乡绅的尊敬也是一份善缘；放牛孩子对商人的帮助是善缘，商人对成了县令的放牛孩子的支援也是善缘。正是因为善缘，才使得坏事变成好事，使得好人化险为夷。

放牛孩子对乡绅儿子抄袭自己文章这件事，采取了故作不知的“糊涂”态度，使得自己与乡绅的善缘得到了加强，同时，也使得自己和乡绅儿子的善缘得到了加强。一旦有事，即便乡绅父子不是自己的助力，也一定不会是自己的掣肘或危害。

广结善缘就是“济人须济急时无”，在别人最需要什么帮助的时候就给予什么样的帮助，这样会让受帮助的人记恩一生。

善缘的范围其实很宽广，只要不是结了恶缘，就都是善缘。而在这善缘之中，更有善缘中的善缘，比如两个人志气相投、兴趣相同就容易结成善缘，培养出深厚的友谊。有了善缘，就容易四处得助力，做事情也会顺利得多，而结了恶缘，要么诸事不顺，要么伤体害命。

北宋的韩琦做过多年的宰相。有一次，他带兵出征，夜里伏案办公时，一个拿着蜡烛照明的侍卫因为注意力不集中而将韩琦的鬓角给烧了。然而，韩琦只是用袖子蹭了蹭头发，又低头继续办公，一点都没有责罚侍卫的意思。

写了一会儿他发现拿蜡烛的侍卫被更换了，他担心侍卫长鞭打刚才的侍卫，于是赶紧把侍卫长叫进来，告诉他不必更换刚才的侍卫。军中将士听说此事后无不感动。

在一次大宴宾客时，韩琦非常珍爱的一只别人赠送的玉盏，被一个劝酒的官员碰倒摔碎了。满座官员皆惊，碰掉玉盏的官员更是瑟瑟发抖地跪下了，谁料韩琦却笑着说：“大凡宝物，是成是毁，都有命数，有人献它，有人摔它，不由我啊。”就这样原谅了那个失手的官员。

【感悟】

韩琦为何能做到在危险的官场中一直立于不败之地呢？这是因为他知道天下没有尽如人意之事，如果不用平和的心态去对待，可能会连一天也过不下去。韩琦看似糊涂处世，却能换来别人的尊敬和佩服，连元朝的吴亮都说韩琦气量过人、淳朴厚道，对他大肆夸赞了一番。

所以，很多时候我们不妨糊涂一些，不要那么斤斤计较。糊涂一点，宽容一点，会让你与他人的关系更加友善，处理起事情来也更加有效。

【糊涂的智慧】

人在这个世界上，绝无独自存活的道理。广结善缘就是一个处理人际关系的好方式，从一开始就广结善缘，会为后期免掉很多不必要的麻烦。试着用糊涂换取善缘吧。

糊涂则心安，心安则无躁

人一躁动，就容易不安；人一不安，就容易失去理智；人一失去理智，就容易做错事。但是和镇静、持重、隐忍等相比，糊涂是避免躁动更有效的良方，因为，糊涂常能让人心安。此处的糊涂不是真糊涂，而是明白了是非黑白后装出来的假糊涂。

失去理智的人常常是冲动的，做起事情来不拿捏分寸，也不考虑后果，只知道贪图一时的痛快，结果，常常使自己陷入被动的境地。

要想化被动为主动，就要学会以不变应万变，不妨采取“糊涂策略”，以静制动。

以静制动，就是冷眼观察周围发生着变化的一切，避免自己被牵着鼻子走，在心里对变化进行分析，而不是盲目地跟随着周围的变化而变化。这是糊涂的智慧。

有一个姓丁的男老师，不仅教学质量很高，教学方式也非常生动灵活，深受领导和学生的喜欢。

有一天，丁老师和李老师工作到很晚，这时，李老师要回家了，就问丁老师要不要一起走，丁老师回答说还要等一阵子才走。

当晚回去后，丁老师突然感到身体不舒服，就向学校请了半天假。

第二天，李老师来到学校后，看到丁老师没来，一问得知他下午才过来，就对办公室的其他老师说："唉，真是知人知面不知心啊，相处了这么久，居然才知道丁老师是这样的人。"

"丁老师怎么了？"

"唉，我都不知道该怎么说啊。"然后，李老师就拿出几张照片，照片中的丁老师两只胳膊各搂着一个女孩子。

"这是什么？这不是丁老师吗？"一个女老师说道。

"我当时也不相信呢，丁老师不像是这样的人啊，我当时在一个饭店玻璃窗后看到了这一幕，眼珠子都差点掉出来，赶紧在丁老师从我面前经过时拍了几张照片。唉，丁老师怕是因为这个很晚才睡觉，所以请了半天假吧。"

不一会儿的时间，老师们之间就传播开了丁老师的事情。有学生听到风声后也回去向同学们说。等到丁老师下午来上课时，整个学校都知道了这件事。

校领导把他叫到训导室严厉地斥责了一顿。丁老师看着这些照片，无论怎么解释都无法取得大家的信任。反而，他慌张解释的样子让大家认为他一反常态，因此更加不相信他。

从此，丁老师在师生中的口碑一落千丈，为人师表的形象也被彻底毁了。

【感悟】

丁老师无法在关键时刻保持心情的平静，就仿佛失去了根基，面对各种“攻击”，左摇右晃，陷入了彻彻底底的被动之中。而一个真正聪明的人，往往会装聋作哑，以一种外在表现出的糊涂来消弭掉这些不良传闻。

实际上，我们不光要对谣言、诽谤等以静制动，面对敌人的攻击同样要静观其变、以静制动。万事万物都在运动变化，不要急着做出任何举动，要先观察各方面的情况，冷静地在头脑中思考对策，然后再结合自己掌握的情况，找到解决问题的办法。

若欲以静制动，首先需要戒骄戒躁。骄躁之人往往难成大事。一个成功的人需要一个冷静的头脑，千万不可头脑发热，一时冲动，以致酿下千古大错。

【糊涂的智慧】

人的心本来平静如水，只是因为年龄的增长，阅历的增加，世事的侵扰才渐渐有了各种涟漪波浪。重新处静归宁，就是重新找回本原的自我。适时地借助糊涂这把工具，无疑可以早一步回归原本的宁静。

第三章

闻毁誉，且当耳旁风：荣辱于我是浮云

闲看庭前花开花落，漫随天外云卷云舒。人生需要的就是一份心情的悠然惬意，不应对喜忧与荣辱执意过多。花朵开得再艳丽，也迟早会衰败凋谢；太阳再耀眼，也迟早会落山。谢掉花朵的枝条还会重新开花；太阳从西山落下，又会从东海升起。一切都是那么的自然，你又何不多些自在，笑对喜忧与荣辱呢？它们总是来来去去，不会因你而长久驻留。作为一个智者，应当看清这一切，可随性自在，难得糊涂。

糊涂看虚名，落得一身轻

动物每天所做的事情很简单，就是最基本的吃喝拉撒睡，如果说这算是追求的话，那它们的追求就是如此的实际。人的一生，却总是在忙忙碌碌地追求许多脱离实际的东西，这些东西并不是那么必不可少。人比动物多了一份智商，却也多了一份愚昧。动物或许是愚钝的，但却未必是糊涂的，相反，人却常常犯糊涂，比如自杀、自残、自责、自扰。

又比如虚名，它看似美丽，却并不实用，何况好多都是求而不得，人们却糊涂到热衷于此。有些名声就如纷飞杨絮，即便你没有留意它，它也会悄悄落在你肩头，只因你无意中走过了杨树下。而有些名声就像是天上的浮云，即便你辛苦地架起梯子登梯而上，也还是无法将其纳入手中。走过杨树下的人，本没想要得到杨絮，杨絮却翩翩而来，而登梯摘云的人，不仅无法得到云彩，反而还有坠落摔死的风险。追逐物质、虚荣、名声等虚而不实的东西，就是好多人一生中都在犯的糊涂，他们在不知不觉中给自己戴上了重重的枷锁，给自己增添了许多羁绊。而有智慧的糊涂则是洞明这一切，做到心如止水，看破一切虚幻之物，常保内心的安然。

只有懂得糊涂之道的人才能摆脱虚名的困扰，成就属于自己的人生。

曾经，有一个商人乐善好施，心地仁慈。无论是府内家仆还是府外街坊，都对他十分尊敬，里巷左右都对他交口称赞，说他是个活菩萨，救助了许多人，当地官府还因此奖励了他。

有一个屠户，看着商人受人景仰，十分羡慕，他自言自语道："我也想像他这样受人尊敬和景仰啊。"于是，这个屠户就开始学着商人乐善好施。

这一天，有个人来买猪肉，结果钱没带够，屠户突然想到了自己的愿望，就对买猪肉者说道："算了算了，这点儿钱算什么。"买猪肉者假意推让了几下，然后说了句"你真大方"，就拿着猪肉走了。屠户反复咀嚼着"你真大方"这四个字，眼睛乐得眯成了一条细缝。从此，他"乐善好施"的决心就变得更加坚定了。别人买半斤猪肉，他还额外送半斤，后来不仅额外赠送猪肉，还开始送粥送水果。一时间，来他这儿买猪肉的人络绎不绝，大家都说屠户慷慨，这充分满足了屠户的虚荣心。

然而，回到家中，妻子却总是对他抱怨："你说你，别人做生意是为了赚钱，你这倒好，故意赔钱赚吆喝。"原来，他的"乐善好施"是建立在家里往其中贴补的基础上的，长此以往，屠户本来就不富裕的家中越来越贫穷。

【感悟】

屠户这种为了追求虚名而不惜蒙受损失的精神看似慷慨，其实最是小气。因为他的"慷慨"不是目的，而是手段，他的终极目标是钓得一个"乐善好施"的名声。而为了一个无甚用处的虚名，竟然甘心给自己增加负累，这是真正的糊涂之举。

名声，往往是求而不得的，永远不要对名声产生向往，它就像是一个美丽的陷阱，只会让追求它的人越陷越深，以至于难以自拔。

有些名声，你只看到它朝着你走来时的光辉，却没看到在它身后尾随着的伤害。好多娱乐圈的人士就是这样，一旦出名，谣言也纷至沓来，甚至还有直接的人身攻击。

【糊涂的智慧】

我们一定不可以被虚名所累，一定要正确看待名声，坚决不为一时的虚名而费尽心机。否则只会因小失大，失去更有价值和意义的东西。对待虚名，糊涂一些，方是正道。

自得其乐，荣辱于我是浮云

面对名利要看开一些，不应常挂心间。天有不测风云，人有旦夕祸福，生命之舟始终沉浮不定，我们一定要从容面对，笑看人生沉浮，不要过于陶醉或痛苦，大喜大悲皆是伤。适当地糊涂一下，可以摆脱很多灵魂的枷锁。

有些人总是把自己看得很高，总觉得自己是生活中的主角，习惯了以自我为中心，在他们心中，别人都是远远不如自己的。他们总是表现得十分骄横、盛气凌人，人们往往极其厌恶这类人。

有一个女歌手，歌唱得非常好，因此得了不少奖，有一次表演完后还受到了领导的表扬。这让她自傲了起来，即使是对着自己的歌迷也常常摆架子。有一次唱完歌后，有歌迷想和她握握手，她说：“你有什么资格和我握手!”一句话让那个歌迷伤心不已，也让其他歌迷对她失望不已。

就这样，这个歌手摆架子的行为在歌迷中迅速传播开来，最终演变成了集体对她的指责，她因此承受了巨大的心理压力。尽管她后来出面向公众道歉并承诺改正自己的错误行为，但再也不像以前那么有人气。

这个歌手一副高高在上的样子，即使面对自己的歌迷也不肯放低姿态，因此得罪了歌迷，也得罪了公众，因为每一个人都不会喜欢她这样的人。这就是犯了真糊涂，而她自己却丝毫不知自己的糊涂之处。

做人应该分清何时该糊涂，何时该放低姿态，不要一时蒙蔽了心灵而贪恋缥缈不定的名声与荣誉。

放低姿态是一种修养，一种风度。不把自己看得过高的人，足见其心灵的光明磊落，气度的无私无畏。他们是容易知足的人，不会轻易自傲，不会专横和贪婪，更不会变得奢侈，这样的人，在人群中必然会是可亲可敬的。

只有看低自己，并不断否定自己的人，才能够不断吸取教训，提升品质，使自己的心态更加平和。

不过，放低姿态，将自己看低，绝对不是鄙视自己，更不是让自己低声下气，而是要更清醒地认识自己，以一颗诚挚的心去对待人和事。放低姿态也绝不是自卑和怯懦，水正是处于低处，才成就了自己的广大。

只有将姿态放低，才能做到荣辱不惊。

居里夫人发现了钷和镭，获得过两次诺贝尔奖，此外，还有各种奖金、奖章和名誉头衔。她是怎样对待这些的呢？得奖出名之后，她照样钻进实验室，埋头苦干，丝毫没有被名气冲昏头脑。一个人去拜访她，发现她竟然把英国皇家学会颁发给她的金质奖章给小女儿当玩具。访客惊讶不已：“居里夫人，这枚奖章是极高的荣誉，你怎么忍心给孩子玩呢?”居里夫人却笑了笑说："我只是想让孩子们从小就知道，荣誉就像玩具一样，只能玩玩罢了，绝不能永远守着它，否则你将一事无成。"

【感悟】

居里夫人无疑是一个淡泊名利、不在乎荣辱的人。《菜根谭》上说："此身常放在闲处，荣辱得失谁能差遣我；此心常安在静中，是非利害谁能瞒昧我。"意思是：经常把自己的身心放在安闲的环境中，世间所有的荣华富贵和成败得失都无法左右我；经常把自己的身心放在安宁的环境中，人间的功名利禄和是是非非就不能欺骗蒙蔽我。所以，居里夫人才能不被名利荣辱所误，得以继续在科学上做出成果。

前北京大学校长马寅初曾蒙冤获罪，终被革职。当他的儿子把革职一事告诉他时，他只是漫不经心地"噢"了一声。数十年后"拨乱反正"，他得到了平反。当他的儿子把他被平反的喜讯告诉他时，他又只是轻轻地"噢"了一声。视功名如过眼云烟，受辱而不怨，受宠而不骄，马老可谓是现代人处世之典范。

荣辱不惊，是一种处世智慧，更是一门生活艺术。人生在世，有褒有贬，有毁有誉，有荣有辱，这是寻常际遇，不足为奇。古往今来无数事实证明，凡是事有所成、业有所就者，无不具有"荣辱不惊"这种极宝贵的品格。

【糊涂的智慧】

姿态过高，反而远离了大地，一旦大风袭来，必将摇摇欲坠。姿态过高的人往往把荣辱看得过重，以致蒙蔽了自己的心灵，脱离了自己的本性。

糊涂可忍性，大度能成事

战国时期，赵国有“负荆请罪”的典故，说的是廉颇袒胸露背，背着荆条去蔺相如家请罪，要求蔺相如狠狠地责罚自己，看似十分糊涂。然而，廉颇负荆请罪却正是因为蔺相如能为了国家大事而对自己的挑衅一忍再忍，正是这份大度感动了廉颇。

自古以来，大度的人有很多，如对于调戏自己宠妃的大臣不予责罚的楚庄王，对于将别人欠自己的债务私自勾销的冯谖不予计较的孟尝君。能成大事的人，大多都有容人忍事之能，为人大度。大度与“糊涂”有着密切的联系——大度就是不计个人得失，而不计个人得失在俗人眼中总是糊涂的行为。

日本有一个叫野田圣子的邮政大臣，大学毕业不久就曾做出一件后来在全日本都家喻户晓的事情。当时，刚刚毕业的她在帝国酒店找到了一份工作。然而，酒店安排给她的工作却是打扫厕所。这对于从小娇生惯养的野田圣子来说无疑是一项艰难的工作，她可从来没有干过这样的活。她每次伸手触碰到马桶的时候，总忍不住地要呕吐。

然而野田圣子明白，无论做什么工作，最重要的是要有端正的工作态度，即便是刷马桶。于是，她不在乎公司是否存心刁难她，也不管公司给她安排怎样艰难的任务，只管每天硬着头皮认认真真地刷厕所，把马桶刷得光洁照人。

有一天，和野田圣子一起负责打扫厕所的一个前辈在刷洗干净一个马桶以后，竟然从容地从马桶里舀了一杯水，当着野田圣子的面“咕咚咕咚”地喝了下去。野田圣子看呆了，她简直不敢相信自己的眼睛。然而这一切都是真的！她的心灵受到了深深的震撼。

与清洁工打扫厕所的精神相比，自己差远了，她因此惭愧不已。她对自己说，连厕所也打扫不干净的人将来是没有资格在社会上承担起责任的，就算让自己一辈子打扫厕所，也要做一个打扫厕所最出色的人。

从此，野田圣子打扫厕所异常认真。而且，每次洗完马桶以后，她都会毫不犹豫地从马桶里舀一杯水“咕咚咕咚”地喝下去。

喝马桶水的经历让野田圣子终生难忘，正是这些经历成为她今后为人处世的精神力量的源泉，使她一步一步地走向成熟，走向成功。后来，野田圣子进入政界，成了日本的邮政大臣，同时还是日本最年轻的内阁成员，也是唯一的女性内阁成员。

喝马桶水，在人们的眼里是多么的荒唐糊涂，去喝马桶水的人真可谓是愚蠢至极。然而，事实上，野田圣子喝马桶水却恰恰体现了她的真智慧。面对自己的清洁工作，一个简单的喝水动作就胜过了千句万句的解释说明，更让人看到了她的不拘一格之处。野田圣子对洗厕所的隐忍与适应，正是对心灵的历练。表面看起来糊涂，而内中却是个人耐性的提升以及对工作态度理解的进一步加深。没有这次的糊涂，就不会有她后来职业生涯上的成功。

大度是一种人生境界，它不仅体现于物质上，更体现于精神上。大度可以让人得到更好的人缘，可以让人建立更广的人际关系。

都说“宰相肚里能撑船”，说的就是人的大度程度，而大度的人其实可以撑下整个世界。

有一位著名的音乐家，他成名之前曾经在俄国彼德耶夫公爵家担任过私人乐队指挥。

有一天，公爵突然决定将乐队解散。这个消息顿时让乐手们心慌意乱，不知道接下来该做何打算。音乐家看着这些和自己一起演奏过很多曲子的人们，睡不安寝、食不甘味。他绞尽脑汁地想啊想，最后终于想出了一个主意。

他对公爵说，为了做最后一场独特的告别演出，自己专门谱写了一首《告别曲》。公爵同意了他的演出请求。

当天晚上，乐手们在做这最后一次演奏时，个个表情呆滞、无精打采，但是碍于与公爵一家往日的情分，大家还是竭尽所能地演奏着。

乐曲一开始是极其欢悦优美的旋律，渐渐地，乐曲由明快转为委婉，继而又渐渐转为低沉，最后，在整个大厅里弥漫开来的都是悲伤的情调。

这时，一位乐手停止了演奏并吹灭了乐谱架上的蜡烛，在向公爵深深地鞠了一躬后悄悄离开了。不多久，又有另外一名乐手以同样的方式悄悄离开了。乐手们就这样相继离去，直到最后空荡荡的大厅里只剩下了音乐家一个人。这时，他深深地向公爵鞠了一躬，吹熄了指挥架上的蜡烛，偌大的大厅霎时暗了下来。

他也像所有离去的乐手一样，正要独自默默地离开，就在这时，情绪已经达到顶点的公爵再也无法忍住，大声地叫道："这到底是怎么一回事呢?"他真诚而深情地回答："公爵大人，这是我们在向您做最后的告别呀!"公爵这才醒悟了过来，情不自禁地流下了泪水："啊！不！请让我再考虑一下。"

就这样，音乐家的一首氛围奇特的《告别曲》，成功地使公爵将全体乐队成员留了下来。他就是被誉为"音乐之父"的世界著名音乐家——海顿。

【感悟】

相信对于绝大多数人来说，当雇主将你辞退时，你第一时间所表现出来的会是愤怒或不满，即便没有愤怒和不满，也不会想要再为雇主做最后一次尽心尽力的服务。

对于大多数人来说，如果你对我不好，我也自然不会对你好。海顿却没这样做，他清楚地明白一点，那就是即使在最后的时光，也要一丝不苟地做好每一件事，以求给双方留下更美好的印象。然而没想到的是，音乐家真情大度的告别竟然扭转了局面。

对他人多一点宽容和大度，多一点谅解与容忍，自己就能少一些忧愁与烦恼，少一些郁闷与不快。

【糊涂的智慧】

大度的人是平和的，不工于计较。大度的人往往还处变不惊，不会因为任何事件出现过激反应。大度的人还往往是一个将荣辱看得极为淡泊的人，淡泊荣辱，便减少了心灵沾染恶习的机会。

精明是烦恼，糊涂是超然

精明人由于心里有过多的算计，因此常常因算计不周而吃亏，而拥有智慧的人是不害怕吃亏的，他们能坦然地面对吃亏，把吃亏看成是占便宜，他们的眼光往往是长远的。然而，这个世界上的智者却是那么少。

精明的人往往明白自己可以做什么，而智慧的人则知道自己不应该做什么；精明的人大多自我感觉良好，常常认为世人皆愚，唯我独智，而智慧的人则总是表现出一副大智若愚、返璞归真的样子。比如被公认为智者的苏格拉底，就总是说自己还不够智慧。

春秋末年，齐国有位叫隰斯弥的人，颇有智慧。当时齐国有一个叫田成子的人势力日渐强大，正在暗中图谋取代诸侯王室。

一次，隰斯弥去拜见田成子，田成子邀请隰斯弥一起登上自家的高台浏览景色。他们举目四望，只见高台的东、西、北三面平野广阔、畅通无障，各种风光尽收眼底，唯独往南面眺望时，却被隰斯弥家的一片蓊蓊郁郁的树林给挡住了视线，田成子顿时一言不发，面露不悦之色。

刚从田成子家回来，隰斯弥就马上吩咐家仆去将树林砍掉。家仆们急忙带着斧子锯子往树林赶去。可是刚砍了没几棵，他忽然又命令仆人们停下并赶快打道回府。家仆们一脸莫名其妙的样子，只听隰斯弥说："古话说：'知渊中之鱼者不祥。'这个田成子正在谋划篡权夺国，所以最怕被别人得知心中的图谋。他对遮挡视线的那片树林露出了不悦之色，若我急忙砍掉树林，他就会判断出我是一个善于窥探他人心思的人，肯定会对我产生戒心。所以砍了树，反而就闯大祸啦！"

【感悟】

"知渊中之鱼者不祥"指的是一个人如果能查知别人内心的隐秘活动，那么自己就会处于危险的境地。

事实上，任何人都有隐秘的心事，一旦感觉自己的心事被别人探知，就会瞬间失去安全感，想要自保。而关于自保，心理素质不同的人又会做出不同的举动，过激的人甚至会生出谋取探知秘密者性命的想法。

郑板桥说"聪明难，糊涂难"。其实郑氏的"糊涂"是需要智慧的"糊涂"。所以"难得糊涂"实际上说的是"难得智慧"。

人生中，许多事不必太认真，太较劲。尤其是错综复杂的人际关系，否则就会越搞越乱。顺其自然，装一次糊涂，不丧失原则和人格，或为了公众，为了长远利益，暂时忍一忍，受点委屈，也是值得的。

要追求财富和权力，聪明就已经足够，而要想脱离烦恼，则必须有智慧——糊涂的智慧。

【糊涂的智慧】

精明就是打开窗子去看院子里嗡嗡的苍蝇，看得心意烦乱；而糊涂则是关上窗子独守室内的清凉，不见则静。

过分刚强也是一种欲望

每个人都有各种或大或小、或多或少的欲望，这是人的本能，与生俱来。只是，随着年龄的增长，人的欲望也越来越多，越来越大，且渐渐脱离了实际。欲望就如一匹马，缰绳操纵在你的手中，如果驾驭有方，自然顺轨而行，一旦失去管控，就会脱缰驰骋。

刚强好争也是一种欲望，因为刚强往往是为了减少自己的损失，而好争更是直接争得自己的利益。自古以来，生活中都不乏刚强好争之人，好争则必遗咎。为了避免遗留不必要的过咎，聪明人就会放弃刚强，不与人争。

有一天，孔子正在和自己的学生们谈话，谈着谈着却忍不住地感叹道："我还从没见过真正刚强不屈的人呢！"学生们对此都感到很诧异，因为他们觉得子路、申枨等，都是很刚强的人。尤其是申枨，他早年随孔子学习，虽然年纪轻轻，但是每次和别人辩论时，都不轻易让步，即使是对长辈或师兄也总表现得十分强硬。大家认为他如此刚强，原因还是真理在手，因此都对他退让三分。

所以，听到孔子的感叹后，学生们不约而同地说道："说到刚强，申枨绝对可以算一个吧！"孔子说："不不不。申枨这个人啊，欲望太多，所以还称不上是刚强。”一个学生问：“可是申枨也不像是那种贪爱钱财的人呀，老师怎么会说他欲望多呢？”孔子答曰：“并不是一说到欲望，就是指贪爱钱财。实际上，凡是没有明辨是非就一味和别人争、想胜过别人的私心就算是‘欲’。虽然申枨有着正直的性格，但他太喜欢逞强争胜，往往会感情用事，这就是一种‘欲’！像他这个样子，怎么能称得上是刚强不屈呢？”孔子又说：“所谓的‘刚’，不是逞强好胜，而是要对自己进行克制，这是一种功夫。能够克制住自己的欲望，在任何环境中，都不违背天理，而且始终如一，不轻易改变，这才是真正的‘刚’呢！”

【感悟】

世间的好多罪恶都是由于人萌生了超出合理范围的欲望而未加以克制所致，可见，欲望就是万恶之源。抛开“欲望造恶”不说，人一旦有了欲望就无法做到无拘无束，就会受到别人的摆布。

比如，你看上了别人家的某样东西，为了得到它，你就需要对别人不断哀求，甚至答应别人的过分要求。一旦你从别人那里得到了好处，就会拿人手短，无法再做到公正对待这个人。所以，糊涂一些，减少自己的欲望，放弃过度的刚强，才是追求智慧的人所应做的。

无欲则刚就是要避免自己被欲望绑架，避免自己成为别人操纵的对象。可是，每个人都有那么多的欲望，如何才能做到无欲无求呢？

其实，要做到无欲无求说起来不容易，可是也不难。为什么呢？因为人的欲望有很多，它们有随时生随时灭的，有一生出就不灭的，要想完全使心灵清净无欲自然是一件艰难的事情。然而，欲望看似多，但克制欲望却是一项可以获得的能力，一旦具备了这项能力，那么灭一欲即是灭百欲，灭百欲即是灭万欲，最终一欲不生。克制欲望，需要在欲望袭来时努力，所谓急处正好下工夫。方法就是：一方面，下工夫克服过多的欲望；

另一方面，甘愿糊涂为人，少同别人相争。双管齐下，长期下去必有收效。

【糊涂的智慧】

欲望就好比是自己多出来的尾巴，一旦被人抓住，就无法自由自在地走来走去。能否刚强就看你能不能斩断这条尾巴了。

福祸相生，不必计较当前处境

不知道福祸算不算是兄弟呢——当福到来的时候，祸往往也紧跟在后，当祸向你打招呼的时候，福也已经在不远处了。而人们通常爱犯的毛病是：一看到福就会忽略掉祸，一遇到祸又不会去眺望福。

我们应记住，祸福永远都是相伴随的。

有个叫子綦的人，虽然已经修行到了极高的境界，但他也和其他俗世中人一样，对于儿子们的未来有着强烈的好奇心。于是，他就请来了算命师为他的八个儿子看相，看看他们都有怎样的福气。这个算命师叫九方歅。九方歅说："这个嘛，最有福气的儿子应当是梱了。"子綦听到后十分惊喜，问道："那他是有怎样的福气呢？"九方歅说："梱一生都会与国君一起饮食。"意思也就是说：国君吃喝什么，梱这一生也吃喝什么。

没想到，子綦刚听到这话就伤心地流下了眼泪，他凄苦地说："我的儿子怎么就陷入了这样的绝境呢？"看到子綦的反应和别人不一样，九方歅忍不住责怪道："与国君一起饮食，不光他自己，整个三族都会被恩泽所普及，父母就更不例外了。现在先生听到了如此好的消息，反而哭丧了起来，这不是拒绝享受福分吗？看来儿子有福气，父亲却没有福气。”

子綦这时说：“其中的道理你根本就不能了解，你以为梱真的有福气吗？这只不过是知道了他有酒肉可以吃而已，谁知道他将以什么方式吃这些酒肉，谁又知道这些酒肉的来历呢！我没有畜牧，住屋的西南角却出现了羊只，没有打猎，住屋的东南角却出现了鹌鹑。你难道不觉得这是奇怪的事吗？我一直教导我的儿子要在天地之间遨游。我教他们与自然同乐，与大地共食，而不是教他们成就事业，运用谋略，也没教他们去标新立异。如今居然会得到世俗的报偿，实在是奇怪至极。但凡出现了奇怪的征兆，就一定会发生奇怪的事情，而这件事的发生恐怕不是我与儿子的过错引起的，而是上天给他的。所以我才哭泣啊。”

后来，事情也正是按子綦所说的那样发展的：没过多长时间，子綦有事需要派梱去燕国代为办理，结果梱在途中被强盗掳走，强盗认为四肢健全的人不好卖，干脆就把他的脚砍掉后卖到了齐国，梱成为了齐康公的守门人——这不是正好终生都有酒肉可吃吗？

九方歅的预测确实得到了应验，梱真的享受到了酒肉，却成了没有脚的守门人。所以，并不是只要有酒肉吃就能算是福气。算卦以为是福气，却没想到恰恰是祸事，可见祸福无定。

有一头驴子不小心跌入了一口枯井里，在井下凄惨地叫了好久。失去驴子的农夫在井口急得团团转，希望想出办法救出驴子，但几个小时过去了，仍然没有任何好法子，驴子还在井里痛苦地哀嚎着。

最后，这位农夫决定放弃，他认为这头驴子毕竟已经老了，而这口井也该填起来了，不值得再花费力气去救它。

于是农夫便请来左邻右舍帮忙填井。大家开始一起向井中填土，这头驴子似乎也意识到了正在发生的事，发出恐慌的嘶鸣。

然而不一会儿，这头驴子突然安静了下来。农夫忍不住往井下一看，眼前的景象不禁令他大感吃惊：当铲进井里的泥土落在驴子的背上时，驴子做了出人意料的举动——它将泥土迅速地抖落在一旁，然后站到泥土堆上面将泥土踩紧！

就这样，驴子随着泥土的增多上升到了井口，它得意地纵身一跃跳了出来，然后快步跑开了。

【感悟】

道德经中说："有无相生，难易相成，长短相形，高下相盈，音声相和，前后相随。"这是永远不变的规律，同理，祸福相随也是如此。

人生总难免大起大落，其中有挫折有成功，成功与挫折的关系就好比是福与祸，所以，大可不必因为身在低谷而沮丧，也不必为身在峰顶而自傲。对待万事万物只要保持平常心即可。

【糊涂的智慧】

祸福本就是难料的，又何必去预测，即便通过占卜手段，也未必能得知准确结果。总之，是你的福跑不了，是你的祸也躲不掉。提前预知祸福，如果真的是福，尚可让你的世界明媚无比，一旦是祸，则提前让你坠入深暗谷底。用平常心对待事物则是走在平坦的路途上，路上的个别小坑只会让你摔一跤，而不会让你永远爬不起来。

得失不须太分明，该放下时当放下

只有放下爱憎，才能发现人的本质；只有放下对立和执着，才能具备悟道的心。要想得到自在心，心中就必须没有负担和包袱。

人生在世，放不下的东西实在太多，比如有了功名，就对功名放不下；有了金钱，就对金钱放不下；有了爱情，就对爱情放不下；有了事业，就对事业放不下；有了伤痛，就对过去放不下……很多人的生活都因为这些重担而变得步履艰难，不如将其全部放下，以求身心得到解脱。“糊涂”就是一种快捷的“放下之方”。

古往今来，有许多人都是大隐隐于市，在闹市中修行，这些人都是智者，他们虽做着入世的人，却抱着出世的思想，即使身在红尘也不让俗事扰乱自己的内心。其实到达自在净土的方法并不难，不管你阅世是深还是浅，只要你能用心看到万物的本质，不执着于物，不被世事牵动，就能常得自在。所以，面对成功与喜悦，需要学会放下；面对困难与挫折，也需要学会放下；面对物欲与名利，更需要学会放下。

放下，就是松开攥紧的手。攥紧的双手里空无一物，而打开的双手却把握住了整个世界。只有将难言的负荷放下，才能将心灵的枷锁解开。所以在生活中，我们应该学会放下，因为放下就是快乐，放下就会一身轻松。

有一个中年人事业顺利、春风得意，在与一位和尚交谈时，他说：“我不仅有成功的事业，还有健康美丽且贤惠的妻子，以及十分聪明的儿子，可以说凡是该有的东西现在我都有了……”

听到中年人的话后，和尚问：“那你有没有思考过生死归宿等问题？”

中年人先是一愣，然后慢吞吞地回答道：“我不是非常了解这种过于深奥的问题，俗话说‘船到桥头自然直’，我也懒得去想。如果师父对此有高见，但说无妨。”

和尚听后说道：“人的一生中充满着变化难测的各种吉凶祸福。凡夫所谓的幸福，基础十分脆弱，只要发生一点儿变故就会崩溃。比如你现在所拥有的幸福家庭，就是建立在没有任何意外和冲突的基础之上，一旦家里有什么事情发生，那你也将无法再觉得幸福快乐了。”

和尚停了一会儿后接着说：“在世俗的眼光中，你的现状是相当好的了，但从佛的境界和角度来看，你现在所拥有的都不值一提。因为无论你做什么事情，得到什么东西，都需要深思熟虑、盘算策划。你的一切财物都是通过终日的奔波劳碌而换得，当你好不容易得到这些财物又要千方百计地防止它被别人毁坏或窃夺时，这让你变得患得患失，直到生命的尽头。诸法无常，这世界上没有什么东西是永恒的，你现在所有的一切也不过是过眼云烟，所以佛开示我们，不要沉湎于世俗短暂的幸福和感官的快乐，而应追求永恒的智慧和心灵的喜悦……”

和尚还没说完，那位中年人就问道：“请问师傅，要想得到解脱，有何好方法呢？”

和尚听后回答说：“方法很简单，但也很难，那就是看破，放下，自在！无论何事，只要是能‘糊涂’过去的就坚决不去计较。”中年人听后若有所悟。

【感悟】

你的人生中是否也常常负担着许多无法放下但却已经没有必要携带的东西呢？

将失落带来的痛楚放下，将屈辱留下的仇怨放下，将无休无止的争吵放下，将没完没了的辩解放下，将对情感的奢望放下，将对金钱的渴求放下，将对权势的觊觎放下，将对虚荣的纠缠放下……这些都应该全部放下。放下才是聪明者的行为，而一直携带则是真正的糊涂，是对身体故意施加的劳累。

放下这些让你难以遗忘的东西是一种振作，是一种成熟，是一种超脱。它可以使你清除心灵上的暗流，使你充分地享受生活所赋予的各种乐趣，使你沉浸在一种悠闲无虑的宁静里。

【糊涂的智慧】

人生中的各种忧烦和苦恼本来就已经不少了，再给自己另外加上一个个额外的精神负担，只会一生都疲惫不堪。只有卸下强加在自己身上的负担，才能得到真正的快乐。只有懂得放下，懂得不给自己加压的人，才能找到自在生活的秘诀。为了能够“常放下”，或许可以从现在开始，尝试着去糊涂处世。

第四章 不争者，莫能与之争：糊涂是种以退为进的智慧

佛语有云：『争是不争，不争是争。不争静心，净心而得。』人生在世，矛盾重重，各种环境、心境、人性的阴暗面都杂糅于人际交往之中，唯有大智若愚，『糊涂』应对，才能赢得自己的立足之地。

学会藏辉，懂得糊涂

三国时期的李康曾说：“木秀于林，风必摧之；堆出于岸，流必湍之；行高于人，众必非之。前鉴不远，覆车继轨。”在一片树林里，凡是长得太高太好，超越了其他树木的树，大风刮过来必定最先吹断它。这就告诫我们不要太过出众，风头出多了，必将遭到外部势力的首先发难。

生活中最难的就是与人相处，在错综复杂的人际关系中，想要平安幸福地享受自己的人生，就要学会藏辉，就要懂得糊涂之道。这是险恶世俗中自我保护的最佳方法。

李白曾说：“至人贵藏辉。”他指出了真正聪明者的可贵之处——不夸耀自己，不锋芒毕露。为人处世不露锋芒、与世无争，方能解得开天地所布下的罗网；凡事糊涂一点，才能够避开意想不到的冷箭。

古时，有一个国王和众大臣一起出游，他们穿过一片又一片茂密的森林，来到一座风景优美的大山之上，山上有很多小猴子。

国王与随行人员沿着一条小路走上去，小猴子们见到这么多人，纷纷四处躲藏。然而有一只小猴子十分大胆，面对众人不但不慌忙逃走，反而跟随着国王。它不断在树上跳来跳去，好像是故意要引起国王的注意，国王一心只注意四周景色，并没看到有这样一只小猴子，也绝没想到会有只小猴子大胆地尾随其后。

走到一处，看着四周丰饶的物产，国王决定就在这里打猎。他拿出弓箭，拉满弓，射向了远处的一只老鹰。没想到，跟他在身后的那只小猴子突然一跃而起，朝着那箭飞出的方向冲了过去，正好接住了那支箭。

看到此景，国王笑了，他又拿出一支箭，搭到弓上，射向了距离猴子更远的一棵树上的乌鸦。

没想到小猴子的反应更加灵敏，它几乎与射出的箭同时飞向乌鸦的方向，不偏不倚地把箭抓到了手里。手上拿着箭的小猴子凯旋般高举那支箭，摇晃着脑袋，满脸得意，大有向国王挑衅之意。

看着这只淘气的小猴子，国王非但没有高兴，反而生起气来，他命令所有随从一起朝着小猴子的方向放箭。这次小猴子再怎么灵敏也躲闪不及，最后被乱箭射死。

看着惨死的小猴子，国王沉思片刻后感慨道："这只猴子本来很聪明，动作灵巧、敏捷，就是太锋芒毕露了，总是想展露自己卓越超群的实力。即使我们不杀它，估计它的同类也不会待见它的。"

【感悟】

吴承恩在《西游记》第三十三回中说："这正是树大招风风撼树，人为名高名丧人。"其实，生活中有很多人像这只灵敏的猴子，有一点才华就恨不得告诉所有人，得到他人的认可，满足自己的虚荣心。但是，这样的人下场往往不尽如人意。

正所谓"枪打出头鸟"，真正聪明的人都知晓这个道理。正因为懂得此理，他们会尽量隐藏自己的才华和能耐，特别是关键时刻，更会小心谨慎地发挥自己的才能，避免引火上身，招致灾祸。

老子说："善行无辙迹。"善于行走的人不留下车痕足迹。通常，有真才实学的人是不愿博取名声，引起别人的注意和议论的，因为这样会阻碍他们的发展和进步。他们纵使有才，也会极力隐藏，因为锋芒毕露是为人处世之大忌。

一个有才华的人要在人群中安身立命，不但要避免凡事张狂、咄咄逼人的张扬行为和骄傲自大的病态心理，还要养成谦虚让人的美德。做人做事低调一点，不露锋芒、不抢风头，才能屹立于树林之中。

【糊涂的智慧】

人际环境纷繁复杂，要想在其中做到保全自身、适者生存，就应该学会藏辉，懂得糊涂的道理。

大智若愚，大巧若拙

《道德经》体现了"大智若愚，大巧若拙"的思想。老子还指出，真正的智慧不是由外部表现的，而在于内心洞悉事物的本质规律。大智若愚，从字面上理解就是才智很高而不露锋芒，表面上看好像愚笨。大智若愚被认为是做人的最高境界，如果一个人得到了"大智若愚"的评价，那将是无上的荣光。后来有人说的"大音希声，大象无形"，指的也是同样的道理。

智慧如果过于外露，便不能算是最高明的智慧，而且很有可能会"聪明反被聪明误"。真正的智者，遇事沉着冷静，处事低调，为人豁达，懂得把握好度，外表看上去愚笨糊涂，实际上内心有一盏明亮的灯。

刘诚实出身贫苦，父母都是农民，因他生就一脸憨相，所以父母给他取名叫刘诚实。父亲在他三岁那年离世，从此，母亲与他相依为命，日子过得非常清苦。

有一天，刘诚实随母亲去一熟人家串门，看他长得憨憨的，那家的主人便想逗逗他。主人拿出很多五角钱与一元钱的硬币，放在他的面前说道："小子，这两种硬币你挑中哪个哪个就归你了。"

他听了，憨笑了一下，从中挑出了所有的五角，围观的人都哈哈大笑起来。从此，他挑小钱剩大钱的故事便传了出去，人们对他的这种做法感到很好奇，无论他走到哪里，总会有好奇的人拿出一些面值不同的硬币来让他挑，而他总是挑面值小的。挑的次数多了，他一天都能积攒好几元钱。这些年，他就是靠着挑来的硬币，和母亲度过了艰苦的日子。

他八岁那年，母亲养了几只鹅，准备卖个好价钱。鹅长大后，母亲拿到集市上出售，却一只也售不出，这对她来说是很大的打击。她躲在家里，茶饭不思，总是对着墙壁发呆。刘诚实放学回来，见母亲情绪不对，便问道："娘，你有啥伤心事？给我说说，我来给你想办法。"母亲苦笑着说："你还小，跟你说也没用。"在他再三的追问下，母亲说出了事情的真相。刘诚实听了笑道："娘，别发愁了，明天我到集市上去卖鹅，保证卖个好价钱！"母亲说道："你有这个心就好了，你当鹅那么好卖吗？人家不买也没办法。"

第二天，刘诚实挑着鹅笼去赶集。他专往人多的地方钻，边走边喊："卖鸭子哟，卖鸭子哟！一只二十元，两只十八元。"赶集的人看见他把大鹅当鸭子卖，而且还不识数，很快他身边就围满了人。人人心中都想："天下竟然有这么便宜的事，用买鸭子的价钱买只鹅，现在不买更待何时？"于是刘诚实的鹅很快便被一抢而空了。更让人觉得他糊涂的是，刘诚实找钱时总是多找一些分分毛毛的，大家都以为他不会算账，更觉得是占了便宜，都高兴不已。

多年以后，刘诚实公开了小时候的那些“糊涂”事，原来他并非真糊涂，而是为生活所迫，以这种方式来求生。众人在很多年之后才知道他这是“大智若愚”，被愚弄的原来是他们自己。

【感悟】

刘诚实从小就知道装糊涂，这是他聪明的生存之道。大智若愚的他，不计较被别人当成糊涂蛋愚弄，在最艰难的时候为母亲和自己赚取了生活费，他才是真正的聪明人。

其实，要在人性的丛林中保护好自己，懂得糊涂是非常必要的。当然，这种糊涂是“大智若愚”，而不是真正的糊涂。糊涂与清醒是相对应的。清醒意味着理智与理性，一个人生活在社会当中一定要保持清醒的头脑，这样才能正确地决策，更好地实现自己的目标。

但是头脑清醒的同时，最好采用一种“糊涂”的表达方式，这种对外的方式既要隐藏自己的目的，又不能表现出过人的智慧。那么，我们要如何做呢?

要做到大智若愚，一方面要“修”，加强自己的内在修养，对世事有较强的洞察力，能大彻大悟最好；另一方面要“炼”，事事参悟，把自己的思想运用到实际生活中去，最后做到“大智若愚，大巧若拙”。

另外，既然是“若愚”，至少表面上看起来不能太聪明。小聪明斤斤计较，过于算计，会让身边的人心生嫌隙、厌恶；精明干练固然好，但锋芒毕露，也会让人压力重重，甚至会遭人暗算。

【糊涂的智慧】

大智若愚，大巧若拙，真正的智慧是不会外露的。如果你崇尚智慧，就要修炼到“大智若愚”的最高境界。

低头才能看清脚下的路

人生如梦，是因为人生拥有不可预知的未来，一旦梦醒，人还要面对现实。然而，正是这如梦般的凡尘俗世囚禁了太多无法看破的人。僧人的鞋子上面，左三个洞右三个洞，为的就是让出家人能低头看“破”。但事实上很少人能看破这欲望的浮华。很多时候，当我们的眼睛只紧紧盯着自己渴求的东西时，是很难低下头来看脚下的路的。

禅宗里有这样一个故事：

有一位高僧，是一座大寺庙的方丈，因年事已高，心中寻思着找接班人。一日，他将两个得意弟子叫到面前，这两个弟子一个叫慧明，一个叫尘元。高僧对他们说：“你们俩谁能凭自己的力量，从寺院后面悬崖的下面攀爬上来，谁将是我的接班人。”

慧明和尘元一同来到悬崖下。那真是一座令人望之生畏的悬崖，崖壁极其险峻陡峭。身体健壮的慧明，信心百倍地开始攀爬。但是不一会儿就从上面滑了下来。慧明爬起来重新开始，尽管这一次他小心翼翼，但还是从山坡上面滚落到原地。慧明稍事休息后又开始攀爬，尽管摔得鼻青脸肿，他也不放弃……让人感到遗憾的是，慧明屡爬屡摔，最后一次他拼尽全力，爬到半山腰时，因气力已尽，又无处歇息，重重地摔到一块大石头上，当场昏了过去。高僧不得不让几个僧人用绳索将他救了回去。

接着轮到尘元了。他一开始也是和慧明一样，竭尽全力地向崖顶攀爬，结果也屡爬屡摔。尘元紧握绳索站在一块山石上面，他打算再试一次，但是他不经意地向下看了一眼以后，突然放下了用来攀上崖顶的绳索。他整了整衣衫，拍了拍身上的泥土，扭头向着山下走去。旁观的众僧都十分不解，难道尘元就这么轻易放弃了？大家对此议论纷纷。只有高僧默然无语地看着尘元的去向。

尘元到了山下，沿着一条小溪流顺水而上，穿过树林，越过山谷，最后没费什么力气就到达了崖顶。当尘元重新站到高僧面前时，众人还以为高僧会痛骂他贪生怕死，胆小怯弱，甚至会将他逐出寺门。谁知高僧却微笑着宣布将尘元定为新一任住持。众僧面面相觑，不知所以。尘元向同修们解释："寺后悬崖乃是人力不能攀登上去的。但是只要于山腰处低头往下看，便可见一条上山之路。师父经常对我们说'明者因境而变，智者随情而行'，就是教导我们要知伸缩退变啊。"

高僧满意地点了点头说："若为名利所诱，心中就只有面前的悬崖绝壁。天不设牢，而人自在心中建牢。在名利牢笼之内，徒劳苦争，轻者苦恼伤心，重者伤身损肢，极重者粉身碎骨。"最后，高僧将衣钵锡杖传交给了尘元，并语重心长地对大家说："攀爬悬崖，意在考验你们心境，能不入名利牢笼，心中无碍，顺天而行者，便是我中意之人。"

世间执着于心中信念的勇敢者不在少数，但是他们往往都如故事中的慧明一样，无法抵达理想之地，甚至摔得鼻青脸肿，仍然一无所获。其实在面对心中的欲望时，我们缺少的往往是一份低头看的淡泊和从容。低头看，并不意味着信念的不坚定，虽然在旁人眼中这可能是一种糊涂，一种懦弱，但是，它却可以让我们在世间喧哗中寻找到更多的选择以及回旋的余地。若心浮气躁者能学会低头，则可以为自己赢得一片更为广阔的天空。

一个满怀失望的年轻人千里迢迢来到法华寺，对住持释园说："我一心一意要学丹青，但至今没有找到一个能令我佩服的老师。"

释园笑笑，问："你走南闯北十几年，真的没遇到一个好老师？"年轻人深深叹了口气说："许多人都是徒有虚名，我见过他们的画，有的画技还不如我呢！"释园听了，淡淡一笑说："老僧虽然不懂丹青，但也颇爱收集一些名家精品。既然施主的画技不比那些名家逊色，就烦请施主为老僧留下一幅墨宝吧。”说着便吩咐一小和尚拿来了笔墨纸砚。

释园说：“老僧最大的嗜好，就是品茗。施主可否为我画一个茶杯和一个茶壶?”年轻人听了，说：“这还不容易?”于是调了一砚浓墨，铺开宣纸，寥寥数笔，就画出一个倾斜的水壶和一个造型典雅的茶杯。那水壶的壶嘴正徐徐吐出一脉茶水来，注入到那茶杯中去。年轻人问释园：“这幅画您满意吗?”

释园微微一笑，摇了摇头，说：“你画得确实不错，只是茶壶和茶杯放错了位置。应该是茶杯在上，茶壶在下呀。”年轻人听了，笑道：“大师为何如此糊涂，哪有茶杯反在茶壶之上的道理?”

释园听了，又微微一笑说：“原来你懂得这个道理啊！你渴望自己的杯子里能注入那些丹青高手的茶，但你总把自己的杯子放得比那些茶壶还要高，茶怎么能注入你的杯子里呢？只有把自己放低，才能吸纳别人的智慧和经验。”

年轻人一番思忖，终于恍然大悟。

【感悟】

正所谓“海纳百川，有容乃大”。江海正是因为身处低下，才能有“百川之王”的荣耀。而人如果想要拥有百川的事业和辉煌，就应该先拥有懂得低头的气度。

佛曰：“一切皆流，无物永驻。”扫除你心中的杂念，低头，便可品尝一抹清凉的甘甜。糊涂也是一种清醒，只有学会低头，你才能看清脚下的路。

【糊涂的智慧】

一花一世界，一叶一菩提，低头也是一种领悟。只有懂得放低自己的姿态，才有可能得到另辟蹊径的成功。

欲壑难填，人生万空

古人云："乐不可极，乐极生悲；欲不可纵，纵欲成灾。"人的欲望是无穷的，如果我们放纵自己的欲望，它就会像沟壑一样难以填满。如果满脑私欲、心存贪婪，就会坠入欲望的深渊，难以自拔。

其实，一切欲望都是虚幻的，所以追求也是无益。后人还有一首《万空歌》，劝诫人们不要有太多欲望：

天也空，地也空，人生渺渺在其中。

日也空，月也空，东升西落为谁功？

金也空，银也空，死后何曾在手中！

妻也空，子也空，黄泉路上不相逢！

权也空，名也空，转眼荒郊土一封！

很多人都希望自己拥有权和利，但到头来一切都是一场空，正所谓"人生万空"。有句成语叫"欲壑难填"，它告诉我们，人的欲望是无法满足的，一旦放任欲望控制自己，我们的平静生活就会被打破。

从前，有一个贫穷的人专门靠替人做苦工过活。由于工作踏实，他积下了一小笔钱，他决定用这点钱去做小生意。

他每天早晚都烧一炷香，诚恳地向帝释天礼拜，祈求帝释天能赐给他财富和幸福。十几年来，他一直坚持每日做礼拜，没有停过一天，终于用真心诚意打动了帝释天。

一天晚上，他在佛前烧香祈祷，忽然眼前现出一个人来。只听这人说："我就是帝释天，这十几年来，每天接受你两次诚心的供养，我也看出了你是个老实规矩的人，所以接受你的祈求。现在，我手中有个德瓶，你拿去好好地保管，不管你心中想要什么，这个德瓶都会满足你。”

帝释天把瓶子交给穷汉，之后就离开了。

穷汉得了这个瓶子，心里半信半疑：“这么一个瓶子，真的能够满足我的要求吗？如果真能，那给我一件漂亮的衣服好了。”

他正想到这，一件漂亮衣服突然从德瓶里飘了出来。穷汉高兴地把衣服穿起来，发现无论是颜色还是款式都很合他的意。

他身穿漂亮的衣服，心里又想着：“衣服虽好，但帽子和鞋子都是破的，如果能有一顶新帽子和一双新鞋子，就更好了。”

他一想到这，帽子和鞋子都已出现在他眼前了。他马上穿戴起来，觉得非常合适，有一种从未享受过的舒服。

这一套穿在他身上，真像个有钱人。可是他摸摸口袋，却身无分文。他想：“这怎么行呢，漂亮的衣服应该装有很多钱才是！”他这么一动念，两个口袋里马上装满了金子。

这可把穷汉高兴坏了，他已经知道这个德瓶的好处，双手捧着德瓶在家中走来走去，心花怒放。可能是兴奋过度，他不小心把头碰到了门楣上。看到这矮小的房子，他心里就想：“我还应该有一座大房子的。”

这时，他那又破又小的房子忽然变成又大又美的高楼，里面应有尽有：财宝满仓，奴婢成群。在这幢有生以来从未住过的房子里，他意识到自己已经成了一直梦寐以求的大富翁。

就这样，穷汉终于结束了几十年的穷困，过上了锦衣玉食的生活。在富裕的环境中，他多年来安分守己的好习惯也渐渐丢失，他常常向朋友和邻居炫耀自己的富有，整个人也变得越来越懒惰了。后来，他对坚持了十几年的礼拜也感到了厌烦，索性停止了礼拜。他认为，既然自己求的东西已经得到了，就不必再做礼拜了。

有一天，他过生日大摆筵席，来参加宴会的亲朋好友很多。酒到半酣，有一个朋友开口问他：“兄弟，以前你是那么穷苦，怎么一下子就变成富翁，到底是在哪发了大财呢？”

听朋友这么一问，已经喝得半醉的他便得意起来。他回答道："我有一个德瓶，它能满足我所有的愿望，这就是我致富的原因。"

所有的来宾都很惊奇，起哄要求他把德瓶拿出来让大家开开眼界。他并不推辞，慷慨拿出了德瓶，并在众人面前提出了很多愿望，德瓶都满足了他。

大家见识了德瓶的厉害，纷纷称奇。这时富翁忽然想到："这个瓶子太小了，实在不够威风，如果它能再大一些，我就可以在上面跳舞了，这样更加威风。"

就在这一念之间，德瓶突然变大了好几十倍，他果真爬到上面去跳舞，逗得众人哈哈大笑。正在他忘情狂欢的时候，瓶子突然破了。他所得的一切又回到了原来的样子。

【感悟】

这位穷汉的欲望不断膨胀，最终所有的一切都毁于一旦。正所谓"欲壑难填"，他的欲望像深谷一样难以填满，不但要德瓶满足他的物欲，还要满足他无尽的虚荣心，到最后，欲望断送了他的一切。

人要懂得驾驭自己的欲望，要学会在满足欲求的过程中适可而止。其实人有欲望并没错，但如果驾驭不当，就可能跌至深渊不能自拔。那些生活幸福的人，往往看起来是有些糊涂的，他们总能让自己远离奢侈和贪婪。不受欲望的折磨，活得自在潇洒，因此也就没有那么多的烦恼与压力。

【糊涂的智慧】

欲壑难填，人生万空，与其追名逐利，费尽大好年华，不如早早醒悟，控制好自己的欲望，"糊涂"一生，轻松一世。

骄纵狂傲必然自食恶果

《菜根谭》中有这样一句话：“苦心中，常得悦心之趣；得意时，便生失意之悲。”其大意就是：在困苦的逆境中能把握方向不屈奋斗，常常可以感受得到内心奋斗的喜悦，这便是人生的真正乐趣；反之，如果在得意时骄纵狂傲，往往会种下日后祸患的根苗，导致悲剧的发生。

一个人在得意的时候，很容易生出骄纵狂傲之心，稍不留神就会种下恶果。这是一种非常危险的处境。

人可以有傲骨，但不可有傲气，骄纵狂傲之气有时候像一把利刃，会在不知不觉中将我们推向万劫不复的境地。只有时刻保持一颗谦逊之心，不与人相争，对人对事尽量宽容，该糊涂时就糊涂，才能避免引火上身，才不至于给自己带来苦果。

三国时期蜀汉名将关羽，曾有过温酒斩华雄、匹马斩颜良、水淹七军擒于禁、擂鼓三通取蔡阳等骄人之功。他是“百万军中取上将之首，如探囊取物耳”的骁勇名将，被世人称为过五关、斩六将的“武圣”。但是这位叱咤风云、威震三军的英雄，最后的下场却是败走麦城，身首异处。

关羽兵败被斩是多方原因造成的，但究其根本，与他骄傲自大的为人脱不了干系。

建安二十四年，刘备进位汉中王，大封功臣。武将方面，设有前将军关羽，后将军黄忠，左将军张飞，右将军马超。封臣的事由刘备亲自过问，但是他一提出此方案，诸葛亮就说出了他对黄忠被封的担忧：“忠之名望，素非关、马之伦也，而今便令同列。马、张在近，亲见其功，尚可喻指；关遥闻之，恐必不悦，得无不可乎！”

果不其然，关羽听后大为不悦，声称“大丈夫终不与老兵同列”，拒绝接受前将军的印绶。虽然他最后还是被劝说接受了此事，但是他的态度一来让老将黄忠受辱，二来也让刘备对这位出生入死的兄弟心存芥蒂，从各方面都增强了对关羽的牵制。

关羽平时就骄纵狂傲，对部属、同僚亦是如此，所以处处结怨，树敌众多。如南郡太守糜芳、将军傅士仁等，“素皆嫌羽轻自己”。由于他的举动为众人所不喜，所以兵败到了最后关头也无人救援，就连“皇侄”刘封也是隔岸观火，“不悉相救”。关羽英武一世，却死于被他称为“犬子”“孺子”“群鼠”“鼠辈”的刀下。

镇守荆州之人由诸葛亮换成关羽，刘备大军临走之前，诸葛亮曾反复叮嘱关羽，要“东联孙吴，北拒曹操”，但关羽并不以为然，对这一战略方针也不予以重视。他瞧不起东吴，也瞧不起孙权，更大放狂言：“吾于千枪万刃之中，矢石交攻之际，匹马纵横，如入无人之境，岂忧江东群鼠乎！”后来导致两方关系出现紧张局面。

关羽驻守荆州期间，孙权想替自己的儿子向关羽的女儿求亲，曾派诸葛瑾前去说媒，“求结两家之好”，“并力破曹”。先不论孙权这样做有何深意，但关羽不仅拒绝对方，还口出狂言“吾虎女安肯嫁犬子乎”。关羽不给孙权留一丝面子，以至于孙权暴怒，最终找了个借口出兵攻打荆州。

关羽一方面为自己增多了各种牵制，另一方面得罪了应该合作的伙伴，引来怒气冲冲的敌军，他的狂傲不仅让自己丢失了荆州，还给自己惹了祸，最终命丧于此。

【感悟】

《三国志》评说关羽：“然羽刚而自矜，飞暴而无恩，以短取败，理数之常也。”关羽就是不懂得适时地装“糊涂”，他的骄纵狂傲为自己挖好了一个坑，最终断送了自己的性命。

老子说："果而勿矜，果而勿伐，果而勿骄，果而不得已，果而勿强。物壮则老，是谓不道，不道早已。"意思即是说，人成功了，不要自我矜持，不要夸耀骄傲，不要自以为是，成功是出于不得已，即便达到了目的，也不要逞强。

盛极而衰是很多事情的发展规律。所以，当你得意时，千万不要忘形，骄纵狂傲，这样非但不能使你更上一层楼，反而会加快衰败的速度，最终自食恶果。关羽便是例子。

所以，骄纵狂傲是人际交往中的大忌，如果在与他人相处时，不明白因小失大的道理，不懂得如何保持谦逊的姿态，对别人加以打击和羞辱，那么终有一天对他人造成的伤害会以其他方式回报到你身上。

所以，人在得意之时不能太骄纵狂傲，要隐藏锋芒，懂得"糊涂"，与人为善，切莫与人结怨。

【糊涂的智慧】

佛教讲求谦逊，骄纵狂傲必然自食恶果，所以，在为人处世方面要懂得收敛一些，"糊涂"一些，这样才能使自己在人群中处于一个安全的位置，永保胜利果实。

精明过头乃智者大忌

《庄子·列御寇》有云："悲哉乎！汝为知在毫毛，而不知大宁。"大意是：你连毫毛都知道得一清二楚，却不知道无为而极安宁的处世之道，这真是悲哀啊！

人不可太聪明，更不可太精明。有时精明过了头，就会忘记真正的

“大宁”，从而生出很多忧愁来。相反，做人要尽量简单些，既然已经明白于心，那么形式上“糊涂”一下又有何妨。

《列子·说符》有云：“察见渊鱼者不祥，智料隐匿者有殃。”人最不明智的表现就是：看透了一切却一定要说出来，更有甚者做出些过于精明的事情，以致伤害他人。对此，古罗马哲人塞内加一针见血地指出：“精明过头，乃智者大忌也。”

杨修，字德祖，三国时期一个绝顶聪明的人，在曹操手下为官。一天，他和曹操一同骑马路过曹娥碑前，见碑上刻有“黄绢、幼妇、外孙、齑臼”八个字。杨修一看便明白了，而曹操却始终不解其意。曹操让杨修不要说出答案来，看自己能否想出答案。

于是，他们继续骑马前行。又走了30里，曹操终于想明白了，原来是“绝妙好辞”四字，和杨修对答案，果然如此。曹操感叹道：“我的智慧比杨修差了30里啊！”嘴里虽是这样说，但毕竟心中有些不悦。

有一次，曹操建造了一座花园，建成之后请百官去参观。对于这座花园，曹操未加以任何评价，只是在门上写了一个“活”字就离开了。文武百官都不解其意，杨修便说道：“‘门’内添‘活’字，乃‘阔’字也。丞相是嫌门太宽了。”听了这话，监工立即命令工匠们重建。曹操再去看时就很满意，高兴地问：“谁知吾意？”左右告之：“杨修也。”曹操虽然高兴，但心中始终对杨修有所忌讳。

后来，有人送给了曹操一合酥，曹操还没来得及吃，便在酥盒上写了“一合酥”三字，放在桌子上。曹操一走，杨修便取出盒中之酥分给大家吃。曹操知道后问其原因，杨修回答：“盒上明写‘一人一口酥’，岂敢违丞相之命乎？”曹操脸上虽嬉笑，但是心中充满了嫉恨。

曹操平时仇家较多，总担心被人暗害，便对自己的侍卫说：“吾梦中好杀人，凡吾睡着汝等切勿靠近。”一日，他午睡时被子落在地下，一个侍卫给他拾起被子盖在身上，曹操忽然拔出剑来把这个侍卫杀死了，然后又倒头入睡，起床后，还故意问道："是谁杀了我的近侍？"众人以实相告，曹操痛哭并命人厚葬了侍卫。人们都以为曹操是梦中误杀，现在看到曹操这般举动，不但没有怪他，还多有称赞之辞。临葬时，杨修指着死者说："丞相非在梦中，君乃在梦中耳。"曹操听后，心中大有不快，着实嫉妒他的才华，便想找机会惩治这个绝顶聪明的人。

后来曹操的军队与刘备的军队在汉水作战，两军对峙，始终分不出胜负，曹操对于是进是退心中犹豫，正好这时厨子送进鸡汤，见碗中有鸡肋，顿时有感于怀。正沉吟间，夏侯惇入帐内问夜间口令，曹操随口说道："鸡肋！"行军主簿杨修一听夜间口令为"鸡肋"，便立即让士兵收拾行装，准备归程。

夏侯惇忙问其故。杨修曰："鸡肋者，食之无肉，弃之可惜。丞相的意思是如今进不能胜，退恐人笑，在此无益，不如早归。来日魏王必班师矣。"本来曹操正在为是进是退而烦恼，正有班师北归之意，但见杨修又说破他的心思，非常气恼，便大声呵斥道："汝怎敢造言，乱我军心。"喝令刀斧手将杨修推出斩了。

以上几件事，每一件都能看出杨修的绝顶聪明之处，相比之下，曹操自认为其智慧与杨修"相差 30 里"，对杨修既嫉妒又厌恶，最后，终于以"乱我军心"为借口，杀掉了他。

【感悟】

"名利场上，伶俐难容"，在曹操身边为官，太笨了不行，太精明伶俐也不行。而杨修就是精明过了头，他凡事都要先曹操而言、而行，在那种伴君如伴虎的环境下，他的精明显得有些愚蠢了。他深知曹操各种心思，但却不知道曹操对自己的嫉妒和厌恶，从这一点来看，他的灾难也是不可避免的。

在中国的传统观念中，有一分才华做一级官。如果下级的才华超过了上级，纵使这个下级对他没有威胁力，也足以让上司心惊胆战。这种“功高盖主”的现象为官场一大忌。虽说曹操爱才，但他一旦发现其才惊人，远远超过了自己，就宁可“舍才”来保自己的地位。

杨修正是没有注意这一点，锋芒太露，才死在了曹操手里。曹操的毒手可以说是杨修的太精明引来的。

忧生于精明，很多人在为人处世中会暴露出自己的聪明过人之处，这样虽然能得到一时的赞誉，自己的虚荣心也有短暂的满足，但是每一次对他人的超越，都有可能造成他人对你的嫉妒和愤恨，更有甚者会因此置你于危险境地。

【糊涂的智慧】

精明过头乃智者大忌也，如果妒才之人看到你的聪明才智，便会有意无意找你麻烦。遇事“糊涂”一点，不出风头，不与人争智、争宠，才是真正的智者。

乐生于糊涂，忧生于执着

佛语云：“忧生于执着，惧生于执着，凡无执着心，亦无所忧惧。”这句话告诉我们，只有做到放下执著之心，才能真正无所畏惧。有时候，过于计较，过于追求，人们就会被杂念所困，在杂念中迷失自我。

如果我们能放下执着，不与人争名争利，杂念自然就会消除。没有执着，又何来忧患之说？

忧生于执着，那些终日忧心忡忡，患得患失的人就是太执着于自己的所得、所失了，这样不但给自己的生活增加了压力，还失去了内心的安宁。与其这般劳累，不如轻松应对，能糊涂时就糊涂，做个与世无争的人。

从前，在一座深山的湖泊里，常年栖息着一群神仙。这个湖泊的水湛蓝清澈，湖边繁花似锦、郁郁葱葱，景色十分宜人。

湖边的林木中，有一棵百年大树，枝叶非常茂密，很多鸟儿在此筑巢安居。一段时间后，鸟儿繁殖得愈来愈多，整棵树都被鸟巢占满了。

由于这棵大树树枝茂盛，有很多枝叶都延伸到了湖面上，所以鸟粪常掉落湖中，时间一久，整个湖被污染得肮脏混浊。栖息在湖里的神仙们有一天终于忍无可忍。他们的震怒使得湖水翻腾不已，岸上冒出熊熊烈火，要将整棵大树烧毁。

如此一来，很多鸟儿都飞离了大树，但是还有一些鸟儿对自己长期筑起的鸟巢恋恋不舍，执着坚守于此。最后，它们都被大火活活烧死了。

鸟儿如此，世人亦是如此。很多人都会有同样的想法，舍不得丢弃自己得到的东西，苦苦执着地抓住它，火早已燃上了眉毛还不知道。如此下去，灾难就发生了。

忧生于执着，放弃对很多事情的执着，或许你的生活会和现在不一样，那时你会拥有无尽的轻松，还有放弃之后得到的另一种喜悦。

明朝有个金碧峰禅师。有一天，阎王翻开生死簿，说："奇怪！金碧峰寿命早该结束了，为何现在还没到我这里来报到？"

阎王派了两个小鬼，让他们去抓金碧峰。

两小鬼找到了金碧峰的家，却始终不见其人，他们没办法交差，就去问土地公："你是土地公，金碧峰在你的管辖范围之内，你可知他人在何处？"

土地公当然知道，便对两小鬼说："这个人是个大修行人，虽然寿岁满了，可是他在入定，没出定之前，谁也找不到他。”

小鬼说：“那怎么办？找不到他我们就无法交差啊。请土地公想个办法，我们必须抓他去见阎王爷。”

土地公想了想，便说：“其实你们要找他也很简单。皇帝给了他一个紫金钵，这是他爱不释手的东西，他虽然修行无可挑剔，但是就贪爱这个紫金钵。紫金钵在他的供桌上，你们只要把紫金钵推到桌子下，金碧峰就会出定，这样你们就能抓住他了。”

两小鬼听后觉得很有道理，就变成两只老鼠，把紫金钵推到地上……

忽然一声巨响，金碧峰果然出定了，大声喝道：“什么人来偷我的紫金钵?”

两小鬼发现了金碧峰，很高兴地说：“终于找到你了，金碧峰，我们是来抓你的。”

“抓我去哪里?”

“阎王说，你的寿命到了，所以你已经不能留在人世了。”

金碧峰知道上当了，懊悔地说：“原来是这个紫金钵害了我。”

修行几十年，竟被这个贪爱的紫金钵给误了，终究还是要入地狱。

金碧峰对两小鬼说：“我这一生没做什么错事，到哪里去都可以。但我现在有个请求，可不可以给我点时间?”

小鬼说：“阎王要你三更死，焉能留你到五更?”

金碧峰说：“不会太久的。”

小鬼看金碧峰迟迟不愿随他们而去，只好答应了他。金碧峰马上把紫金钵摔碎了。舍去这贪爱，他就破了法执，而破了法执，就到了菩萨境界，这下小鬼又找不到他了。

金碧峰在虚空中显身，讲了四句偈：“若要拿我金碧峰，犹如铁链锁虚空，铁链锁得虚空住，方能拿我金碧峰。”后又加上了一句：“就算阎王把我捉去上刀山、下油锅也是一样的，空无一物。”

【感悟】

金碧峰修行几十年，什么都好，但就是执着于那个紫金钵，因此无法到达菩萨境界。小鬼来索命时，他终于发现了自己最需要修行的到底是什么——原来就是断掉这个执念，于是摔掉紫金钵，放弃执念，修成正果。

这个禅宗故事告诉我们，修行要了生脱死，出离三界，就不能有任何的执念。执着于任何事物其实都是"争"，有心思去争，就必然存在欲望，也就难以修成正果。若要真正了生脱死，心就不能再有妄念，要降伏心中的烦恼，断除心中的坏习气。

无量劫之所以存在于轮回中，是因为我们总是放不下心中的各种执念，因此修行就要断除种种贪爱和执着。世间所有的一切都如水中月、镜中花，只有看淡了这一切，才能充分感受到人生的快乐。

【糊涂的智慧】

人生在世，得失有命，苦苦执着于某些事物，用尽力气去争夺，只会拖累自己的心灵。放下执念，"糊涂"处世，让自己真正无所畏惧。

饱满的稻穗总是低着头

俗语说："低头的稻穗，昂头的稗子。"越成熟、饱满的稻穗，头垂得越低。而只有那些囊中无物的稗子，才会始终把头抬得老高，存心招摇。

生活中，我们要糊涂一些，像饱满的稻穗那样保持适当的低姿态。当然，这绝不是懦弱和畏缩，而是一种明哲保身的智慧——是人生的大智慧、大境界。佛陀常常警示弟子：有诚意谦虚的态度才是真正的智慧人生。

总是把头抬得很高的人，无非是要争个赢，让别人认识到自己的厉害，这种高昂、张扬的处世态度其实是无益的。老子说：“夫唯不争，故天下莫能与之争。”只有真正不争的人，才会争得一切。

很多时候，保持一种低姿态，像饱满的稻穗低着头一样，更能显现出你的品格魅力，让你学到更多。

有一位学僧正在寺院里画画，这次他画的是一幅龙争虎斗的画像。画中龙在云端盘旋将下，虎踞山头，作欲扑之势。虽然他已多次修改，却总认为图中龙虎的动态不足。这时，无德禅师从外面回来，学僧就请禅师评鉴一下。

无德禅师看后说：“龙和虎的外形画得很好，但它们的特性你又了解多少？龙在攻击之前，头必须向后退缩；虎要上扑时，头必然会向下压低。龙颈向后的屈度越大，虎头越贴近地面，它们也就能冲得越快，跳得越高。”

学僧若有所悟，说道：“师父真是一语道破，我总觉得动态不足，原来是将龙头画得太向前，虎头也太高了。”

无德禅师见其高兴，便说道：“为人处事、参禅修道和这都是一样的道理。退一步的准备之后，才能冲得更远；谦卑的反省之后，才能爬得更高。”

学僧有些不懂，便问道：“师父，退步的人如何向前？谦卑的人又如何更高呢？”

无德禅师严肃地说：“手把青秧插满田，低头便见水中天；身心清净方为道，退步原来是向前。”

学僧恍然大悟。

“手把青秧插满田，低头便见水中天；身心清净方为道，退步原来是向前。”禅师这种以退为进的处世之道是高明的。修行之人往往非常谦虚，有如龙退缩、虎低头，所谓“进退有据、高低有时”也。龙为兽中之灵，虎为兽中之王，而谦和的禅者便是人中之贤。

所谓“树大招风，垂枝者劲”。其实，在现实生活中，低头的人才能真正受到人们的喜爱，因为他们的低姿态不会让别人感觉到压力。那些自始至终昂首挺胸的人，总是觉得这个世界没有他就无法运转，凡事争强好胜，所以骄傲、鄙夷、愤怒等情绪都出来了，容易使身边的人感到压力重重，并因此产生厌恶心理和抵抗情绪。

韩信很小的时候就遭遇了父母双亡的悲剧，主要靠钓鱼和他人接济为生，常常受到周围人的歧视。一次，一群恶少当众羞辱韩信。其中一个屠夫对韩信说：“别看你长得又高又大，还随身配一把剑，其实你胆小如鼠。你敢用你的配剑来刺我吗？如果不敢，就从我的胯下钻过去。”韩信当时势单力薄，知道硬拼肯定吃亏，就当众从那个屠夫的裤裆下钻了过去。这就是人们常说的“胯下之辱”。

后来，韩信成了历史上有名的军事家，辅佐刘邦统一天下，被封为“淮阴王”。

廉颇是战国时期赵国一名杰出的军事将领，能征善战，几乎攻无不克、战无不胜。然而，面对强秦十万铁骑都没有低头的他，最终却对一介文臣蔺相如低下了不可一世的头颅，并亲自登门负荆请罪。蔺相如虽是文人，却有勇有谋、善于辞令、顾全大局，同样在面对强大的秦国时没有低头。然而面对廉颇的处处刁难，他却低下了头，并对人说他这是“先国家之急而后私仇也”。正是二人的彼此低头，将相和睦，团结了赵国内的各种力量，使得秦国不敢轻易进犯赵国。

【感悟】

无论是韩信、廉颇还是蔺相如，都是有大智慧的人，他们能够放弃无谓的个人坚持，用退步来换取更长远的进步和利益。历史上这样的例子比比皆是。那些伟大的人物之所以能名留史册，就是因为他们深深地懂得“糊涂一时”的智慧。

世间凡是成熟的东西，都呈现出“低姿态”。例如稻穗成熟了，它便低垂着头；果实丰满了，果树也总是枝桠低垂。所以，有韧性、有弹性，能够保持低姿态的人，往往会事事顺利。

俗话说，“满瓶不动半瓶摇”，“大海默默，小溪潺潺”。一个学识不够、修行不深的人，总是昂昂乎，巍巍乎，不可一世；而真正的饱学之士，不管遇到什么事情，不管在何时何地，都会表现出谦逊和低姿态，从他的低姿态里面，人们却能看出他的高大、伟岸。

【糊涂的智慧】

饱满的稻穗总是低着头，人也要像稻穗一样，多多低头，为人处世“糊涂”一点，用这种低姿态为自己赢得发展的时间和空间。

他有他的花园，你有你的沃土

有一句话说：“攀比只能为你增添追逐的劳累，只有安心于做真正的自己，才能让生命鲜活灵动。”在现实生活中，很多人总是觉得别人过得特别幸福，而自己却一直生活在麻烦和不幸当中。其实，一个人之所以总感到烦恼，其根源就在于总不满足于自己拥有的，总是向往别人的生活，甚至总想着要比别人过得更幸福。

如果生活中处处攀比、争强好胜，那么自己的心也会疲惫不堪。正所谓“他有他的花园，你有你的沃土”，别人有的你没有，你有的东西别人也未必有。与其羡慕别人的花园，不如看守住自己的沃土，培养出一片属于自己的更美的花园。

国王对着堆积成山的公文皱起了眉头："要是能像神仙一样逍遥自在就好了！"他叹着气来到御花园里散心，可花园里的景象却令他大吃了一惊。原来，花园里的花木竟在一夜之间都枯萎了，昨天还欣欣向荣的花园变得一派萧条，令人看了心生沮丧。

国王关切地问橡树说："昨天你还好好的，怎么突然就枯萎了？"

橡树有气无力地回答道："我没有松树高，于是我不停地往上拔，结果我的根脱离了土壤……"

国王又问松树："松树，你明明比别人还要高，为什么也枯萎了呢？"

"我不能和葡萄一样结果子，很难过，就成这个样子了。"松树绝望地说。

国王更加诧异地问葡萄："连松树都羡慕你，你怎么也气息奄奄了呢？"

"我多么想像百合花那样开出绚丽的花啊……我心里真是不平衡！"葡萄耷拉在架子上说。

在花园里追问了一圈，几乎所有的花木都失去了生机。国王变得更悲观了。但就在这时，他惊喜地发现，在他的脚边竟然还有一棵茂盛的小草！

"小家伙，你叫什么名字？"国王轻声问道。

小草摇头晃脑地回答道："我叫安心草。"

"别的植物都枯萎了，只有你还在茁壮地生长，这是为什么？"

"因为我安心地只做一棵安心草啊！"安心草欢快地说。

【感悟】

每个人都有各自的出身背景、性格特点、人生经历和兴趣特长等，一味地把自己与别人对比是毫无意义的行为。盲目的攀比，要么使你妄自尊大，要么使你自怨自艾，总之，它会让你无法更好地认识自己，不懂得珍惜和利用你所拥有的事物。

可悲的是，我们在生活中经常听到有人这样说：“有朝一日，我一定要和谁谁谁一样当个大公司的老总，挣很多很多的钱!”为了实现自己的“毕生愿望”，为了不比别人差，这些人更加拼命地赚钱；为了房子、车子、面子，也为了妻子、儿子，他们朝着那“有朝一日”穷追猛赶。

或许，他们最后也能赚到可观的钱财，但是却不一定会因此而获得满足感，因为社会上永远都存在比他们有钱的人，这时，他们又会向往那些更加有钱的人的生活，于是又开始了下一轮的劳碌……就这样，他们这一辈子都在向往别人的生活，又有什么快乐可言呢?

【糊涂的智慧】

在尘世中，诱惑太多，美好太多，羡慕、攀比终究是无止的，唯有糊涂看待俗世，珍惜自己拥有的沃土，你的人生才会有另一番美景。

以退为进，寻找成功捷径

新东方教育集团董事长俞敏洪曾说过：“不管你现在的生命是怎么样，一定要有水的精神。像水一样不断地积蓄自己的力量，不断地冲破障碍。当你发现时机不到的时候，把自己的厚度积累起来。到有一天时机来临的时候，你就能够奔腾入海，成就自己辉煌的一生。”这就告诉我们，当我们遇到无法解决的困难时，不要一味地蛮干，而要懂得适时退避和忍让，以退为进另寻出路，这就是水的精神。

凡成就大事者，往往都拥有冷静的头脑。勇往直前固然可喜，但有时以退为进也不失为一种智慧。一时的退让，是为了更伟大的崛起。越王勾践若不在吴王面前俯首称臣、卧薪尝胆，就不会有“三千越甲可吞吴”的壮举；韩信若不能忍胯下之辱，就不会成为“功高无二，略不出世”的一代名将。

“一鸣惊人”这个典故的由来，也阐述了做事要像水的道理。

楚庄王是春秋时期最著名的贤君之一，位列“春秋五霸”之末。他刚即位时，年纪很小，威望不够，朝政一片混乱。尽管想迅速稳住政局，但楚庄王知道自己实力不够，难以驾驭群臣，于是他装作对朝政漠不关心的样子，整天玩乐，足有三年不理朝政，把管理国家的事都交给了卿大夫。

有一天，大夫伍举故意问他：“臣听说在城南的土山上有一只大鸟，三年以来，它不飞也不叫。请问大王，这是什么原因？”楚庄王知道对方在暗讽自己，于是回答说：“它三年不飞，一飞便直冲天际；三年不鸣，一鸣便将震惊世人。”

通过暗暗地积聚实力，楚庄王物色到了一大批忠臣良将，如苏从、伍参、孙叔敖、沈尹蒸。在这些能臣的辅佐下，楚庄王整顿朝纲、兴修水利、重农务商，令楚国日渐强盛。公元前 597 年，楚国在中原地区大败晋军；公元前 594 年，楚国迫使宋国定下“城下之盟”，并陆续迫使鲁、陈、宋、郑等国归降，成为春秋后期最强大的诸侯国。

【感悟】

年轻的楚庄王在王位没坐稳的情况下，选择了暂时的隐忍，将国家大事交给大臣们打理。然而实际上，他却在暗中积蓄力量，正如“南山之鸟”一样，一旦羽翼丰满，便一飞冲天。如果他初登王位就亲自处理国家大事，很可能会因为威望不够而受到重重阻挠，反而不利于王位的稳固。楚庄王小小年纪便懂得“以退为进”的智慧，充分说明他是个具有雄才大略的君主，这也是他最终能称霸天下的原因。

在生活中，有许多所谓“坚持原则”的人，他们固执地对抗着强大的阻力，最终仍难以进步。这是在浪费社会的资源，也是在浪费自己的生命。我们必须要明白，成功的路不止一条，有时适当地退后几步，或许会带给我们发现捷径的惊喜。

很多时候，决定一个人人生高度的不是学历、背景、资历、经验等，而是看待逆境的态度。当我们遇到困难或阻挠的时候，不妨转换一下思路，适当地“糊涂”，以退为进，把一时的困境看作蓄势的良机，在“蓄势”的同时寻找“待发”的机会。这种不争的智慧，到最后定能为自己争得一席之地。

【糊涂的智慧】

糊涂是一种以退为进的智慧，在生活中，碰到不能前进的时候，不妨试试后退几步，让自己在低调中保存实力，在不争中成就辉煌。

第五章

无悲喜，看花落花开：一分糊涂一分安宁

宠辱不惊，闲看庭前花开花落；去留无意，漫随天外云卷云舒。人有悲欢离合，月有阴晴圆缺，此乃天之道也。所以，欢乐时不应太过欣喜，悲哀时也不必太过沉重，凡事无需计较太多、精明太过，多一分『糊涂』，就能多一分安宁。

糊涂点吧，人生没有完美

佛说：“一切恶法，本是虚妄的，你不要太自卑你自己。一切善法，也是虚妄的，你也不要太狂妄你自己。”放眼望去，在喧闹的尘世中，人人都想追求完美，在追求完美中跌跌撞撞，蹉跎岁月，殊不知，人生没有完美。

俗话说，人生不如意事十之八九。人生本是一场戏，总是在成功和失败中演绎喜怒哀乐；人生本是航行在大海里的一艘船，总是在世事沉浮中经历潮起潮落。若你的人生风平浪静、一马平川，便会显得苍白无力。挫折固然残忍，却给人以启迪和智慧；苦难纵然无情，却给人以意志和坚强。

西方有一句谚语：“你要永远快乐，只有向痛苦里去找。”我们应接受人生中的不完美，在缺憾中寻找属于自己的人生。不完美是人生的一部分，一旦懂得了这一点，我们就能走出追求“完美”的欲火，闲看花落花开。

无需隐逸南山佛法洗心，人世的悲欢离合自然会清洗心灵的尘埃；无需刻意装作淡泊名利，让从容的心态伴着生命的节奏走向智慧的巅峰。不以物喜，不以己悲，凡事看淡，在“糊涂”入世中享受安宁。

从前有一个年轻貌美的姑娘，村里每个人都很喜欢她。后来，这个姑娘和村里最优秀的一个小伙子结婚了，不久便生下了一个可爱的小男孩。她对孩子疼爱有加，把自己全部的心血和爱倾注在他身上。她每晚都会向佛祖祷告，希望佛祖保佑自己的孩子平安幸福。

然而，不幸还是降临了，一场大病夺走了孩子的生命。这个姑娘受不了沉重的打击，终日以泪洗面，她多么希望能够用自己的生命换回自己的孩子。村里的人看着她的不幸都替她难过、担忧，但是，谁也帮不上忙。

终于有一天，佛祖被她感动了，来到人间对正在伤心的她说：“我有办法可以让你的孩子重新回到你的身边，但是有一个条件。”

她脸上露出久违的喜悦，忙说：“只要能让我的孩子活过来，无论什么样的条件我都会接受，即使要用我的生命来换也没关系。”

佛祖说：“这个条件其实很简单，你必须从一户人家拿十斤谷子，而这户人家必须是从来都没有失去过亲人的家庭。”

她听了之后，立刻挨家挨户去借谷子。村里的每户人家都对她慷慨解囊，并对她说：“拿吧，需要多少就拿多少。”但是当她说出佛祖的条件后，村民们都为难了，因为每一个家庭都失去过亲人。

最后，她无奈地来到佛祖面前，把实际情况告诉了佛祖。佛祖便对她说道：“你看，世界上不是只有你失去了亲人，所有的人都失去过亲人，为什么其他人能够快乐地生活，而你却迟迟走不出痛苦的泥潭呢?”

她听后幡然醒悟：原来，这个世界上是没有完美人生的。从此，她走出了痛苦的阴影，坦然地面对失去儿子的事实，继续自己正常的生活。

没有一个人的人生是完美的，失去固然痛苦，但是一直沉浸在痛苦之中，生活必将陷入泥潭。人生是一条单行道，可以回头看，但是却不能重新走，虽然失去了，但毕竟曾经拥有过，所以，“失之淡然”才是聪明的处世之道。

人生没有完美，能够认识到这一点，我们便不会去苛求自己，也不会苛求他人。只有懂得接受现实的人，才会懂得珍惜眼前的生活。

生命被上苍划了一个缺口，不管我们承不承认，它都如影随形。也正因为有了缺口，才会有喜怒哀乐照进我们的生活，我们才会有梦和希望。与其终日为不完美的人生而嗟叹，不如坦然接受这种不完美，演绎自己的独特人生。

一位大师收有两个弟子。这一天，大师吩咐弟子二人外出寻找一片最完美的树叶。这样的任务看似随意轻松，实是对人的心神境界的一种考验。

一个徒弟在外边找了许久，面对无数的叶子，左挑右选，最终空手而归。他回来向大师解释说：“树叶确实有无数，但怎么也挑不出一片完美的叶子，不是太肥厚，就是太单薄，不是不够完整，就是不够滋润……”

从一片叶子看到整个世界，原来世界如此不完美，这个徒弟陷入了悲观烦恼的情绪中。

另一个徒弟也回来了，神情淡然宁静。他交给大师一片树叶，这片树叶看上去跟其他树叶没有差别，无论是色泽、筋脉，还是品相、重量都不出众，更谈不上完美。这个徒弟为什么会在大千世界里挑中这一片叶子呢？

两手空空的徒弟甚觉奇怪，他说道：“这样的树叶，我能找一车回来，师兄莫不是在敷衍师父？”

只听这位徒弟说道：“我发现世界上没有完美的叶子，这片叶子是我能找到的最完整的叶子。”

大师点头，笑着说道：“确实如此，人生就像这大千世界的叶子一般，没有完美，所以我们也不必太较真，糊涂一点，才不会有太多烦恼。”

【感悟】

这位大师想用叶子折射人生，让弟子们认识到人生没有完美这一真理，于是给弟子出了“寻找完美叶子”这样一道难题。第一位弟子太苛求完美，所以只能在现实面前悲观烦恼，最终空手而归。第二位弟子深知世界上没有完美的叶子，所以坦然面对，找了一片自己认为最完整的叶子。他的“糊涂”让他保持着不悲不喜的心境，坦然接受人生的不完美，也享受到了美好的人生。

那些总是因自己的人生不够完美而嗟叹的人，他们的心灵有太多的负累，以至于无暇顾及自己真正拥有的东西，这样只会得不偿失。真正的聪明人懂得用“糊涂”的心态去接受人生中的不完美，不会事事苛求、处处计较，在不完美的人生中依然活得精彩。

【糊涂的智慧】

人生没有完美，所以不必为这份不完美而让生活不美好。接受人生的不完美，不苛求自己，凡事尽量看淡些，“糊涂”一点，你就会拥有美好的人生。

没有谁是一无所有

在生活中，每个人都会因为不能拥有他人所拥有的东西而烦恼。比如，看到别人有成功的事业，他会烦恼；看到别人有美满的家庭，他会烦恼……但他却没注意到，自己也并非一无所有。没有事业，他有健康的身体；没有家庭，他还有知心的朋友；哪怕看起来什么都没有，他至少还活着——还拥有生命，不是吗？

然而，大多数人却无法做到这样豁达，他们往往在与他人的攀比中自我否定，一旦遭到打击就开始抱怨自己的处境，抱怨自己的运气，抱怨自己的人生，甚至觉得自己一无是处。其实，除非你彻底放弃自己的生命，否则，没有谁是真正一无所有的。

纵使我们一无所有，但生命依然充满着希望，只要我们还愿意，也可以拥有无尽的情感。

正如古希腊神话故事《潘多拉的盒子》那样，当疾病、怨恨、妒忌等都跑出盒子时，唯一留下的就是希望。那最后的希望也就是我们最珍贵的东西。每个人都拥有希望，前提是要珍惜自己的生命。所以，没有谁真正一无所有。

有一个年轻人，总觉得自己生不逢时，辗转商场十几年，仍然一无所有。有一天，他实在难以忍受现状，便去找一位禅师求良方，问他能否让自己变得富有。

这位禅师一见到他，还没等他开口，便问道："施主，你为何一脸哀愁？"

"我不明白，为什么我努力工作，却始终一无所有呢？"

"一无所有？我看你很富有嘛。"禅师一脸淡定。

年轻人不解："这从何说起？"

禅师反问道："如果我给你1000元，现在砍断你1个手指头，你干不干？"

"不干。"年轻人回答得很坚定。

"假如给你1万元，砍掉你一只手，你干不干？"

"不干。"

"假如给你10万元，让你把双眼献出去，你干不干？"

"不干。"

“假如给你100万，让你马上变成白发苍苍的老人，你干不干？”

“不干。”

“假如给你1000万，让你马上死掉，你干不干？”

“不干。”

“这就对了，如此看来，你已经拥有超过1000万的财富，又怎么能说自己一无所有呢？”禅师笑吟吟地问。

年轻人愕然，随即顿悟了。

很多人看似一无所有，事实却并非如此，因为生命本身就是最大的一笔财富。每一个人都很富有，只要你懂得珍惜生命。不要整天抱怨一贫如洗，而应当珍惜现在已拥有的。你四肢健全，可以做想做的各种事情；你衣食无忧，用不着忍饥挨饿；你早上醒来，还能看见明媚春光，还能闻到鸟语花香……这就是世界上最宝贵的财富，是我们能享受到的最奢侈的生活了。

一天，有个和尚外出化缘，天色已晚，来不及赶回寺院，于是决定找一户人家借宿。正当和尚要敲门时，忽然听到屋内隐约传出男子的哭泣声，哭得很是伤心。

和尚不知此户人家发生了何事，想必又是一个断肠人，或许自己能帮上什么忙。

于是，和尚便敲门。然而里边明明有人，却没人开门，而且敲门声一响，里面便不再有哭声了。和尚用力去推门，却怎么也推不开。他再推窗户，发现窗户也是关死的。

和尚感觉不妙：莫非里面的人准备自尽？

想到这里，和尚连忙对着房间里大喊：“请施主开门，我急需点东西，不知施主可否大发慈悲？”

里面神秘的男子终于说话了：“我已是家破人亡，一无所有了，你到别处去借吧。”他的声音听起来很悲伤。

和尚说：“你有，我分明看到了。救人一命胜造七级浮屠，你就借我一用吧，这关乎人的性命啊。”

男子勉强打开了房门——看起来他似乎不太“待见”和尚。“你自己进来看，我家徒四壁、一贫如洗。父母死得早，妻子又于上月病逝了。我已经一无所有了，正想随父母、妻子而去呢，你要什么都可以拿走。”

和尚说：“我看人素来不会错，你就要否极泰来、重振家业了！”他说着，便打开了主人紧闭的窗扇。

其时明月当空，一帘银白的月光透过窗口照进屋子，还有一股清新的花香扑鼻而来。和尚走到月光下，平静地对男子说：“如果你寻了短见，又有谁为亲人扫墓，又有谁为你传宗接代呢？谁说你一无所有了？你看这美好的月色，你闻这扑鼻的花香，多美的夜啊，这就是我想向你借的东西，你可愿意借给我？”

男子似有所悟，对着和尚拜了拜，说：“多谢大师指点！若不是大师指点迷津，恐怕我现在已经命丧黄泉了。”

和尚对他说：“没有谁真正一无所有，任何失去都应该坦然面对，纵使你一贫如洗，也还有那满屋的月色和浓浓的花香。凡事看淡一点，生命之花定能长开。”

接下来的几年间，男子重振家业，再次娶妻并育有一子。虽然他也曾经历过几次大起大落，但他再没有像当年那般绝望过，而是坦然接受苦难，淡然面对成功。

【感悟】

每个人都希望自己的人生能够一马平川，然而，生活并不能让每个人都如愿。人生不如意事十之八九，所以，承受人生的不幸就成为了我们立足于这个世界的一种能力。

那些选择离开、逃避甚至是死亡的人，都不具备这种能力，他们看不到人生中的阳光和美好，只执着于短暂的失败，最终也必然走向真正的一无所有。

所以，不妨在看待财富时糊涂一些，多关注一下自己拥有的，比如生命，比如健康——这些才是人生中最值得珍惜的财富。

【糊涂的智慧】

时时刻刻都要谨记：没有谁真正一无所有。面对失败和挫折不用锱铢必较，“糊涂”一点，或许能拥有更大的空间来发挥自己真正的价值。人生中，就算失去再多，也要记住自己还有生命。

追寻虚无缥缈，莫如知福惜福

清朝著名养生家石金成在他的《知福歌》里这样说：“有福要能知，能知才享福。有福要惜福，惜福才有福。奉劝世间人，不要不知足。知足最吉祥，知足是真福。富贵非外求，自求必多福……”

懂得知福惜福，才会有福，因此，学会珍惜才是最重要的。很多时候，我们追求的东西都太虚无缥缈，而追求虚无得到的也将会是虚无，甚至在追求虚无的同时会忽略了我们本来拥有的东西，而这些东西就是“福”。与其追求虚无缥缈，莫如知福惜福。

很多人会羡慕别人的生活，但很多时候，我们所看到的都是别人表面上的生活，而别人风光背后的辛酸和苦涩我们不一定能看得到——或许你的生活也有别人羡慕的地方。所以，珍惜当下吧，也许活在当下也是很适合你的。盲目追求那些虚无缥缈的东西并不能给人带来真正的安宁，只有安然接受现实，珍惜眼前的一切，才能拥有真正的幸福。

一个富翁在大街上碰见了自己多年前的老朋友，没想到这位老朋友已经沦为了乞丐。

那个乞丐说："你我曾是旧相识，能给我一些钱吗？"

富翁仔细端详那个人，说："我认出你了！你家一直挺富裕，为何沦落到这般田地？"

乞丐说："不幸啊！去年的一场大火夺走了我全部的财产。"

富翁问："那你为什么要当乞丐呀？"

乞丐说："为了买酒钱。"

"你为什么要喝酒呢？"

"喝了酒，才有勇气乞讨！"

富翁脑中轰然一声，仿佛看到了愚痴人间的愚痴众生。他感叹道："世人谁不是这样愚痴一生呢？为了酒色钱财耗尽了一生，最终还是归于尘土，这又何必呢？"

然后，他去拜访一位得道禅师，请示道："我的未来会怎样呢？"

禅师笑着说："太阳从西边升起，照在树上没有一点儿影子！"

"太阳怎么会从西边升起呢？太阳照在树上又怎么会没有影子呢？"富商疑惑不解。

禅师微笑不语。不久，富翁顿悟。人的未来如同太阳西升，是没影的事，何必为这样的事情烦恼呢？烦恼、担忧、伤感、痛苦，如果思绪整天被这些占满了，又何来空间思考当下的幸福？

【感悟】

未来太虚无，就像没有影子的树，为未来担忧，只会让现在的幸福生活蒙上阴影。懂得惜福，才会有福；关注快乐，才会快乐。与其渴求远大的虚幻云影，不如珍惜身边的阳光雨露。

生命中最重要的时刻，不是昨天，不是明天，而是今天，是现在，因为只有现在我们才能够感受到自己的存在，感受到生命的意义。

世界上有很多人喜欢“由人及己”，由别人的昨天和今天想到自己的今天和明天，由别人的拥有想到自己的没有，由别人的好想到自己的不好，于是便时常对别人生出羡慕之情，平白生出许多怨气来，空自烦恼。如果你仔细想想，就会明白这一切都只是徒劳，最好的还是自己和自己拥有的。

所以说，与其羡慕别人，不如“糊涂”一点，放弃虚无的期待，珍惜自己真正拥有的。

【糊涂的智慧】

常言道，知足者常乐，每个人都要学会珍惜眼前实实在在的生活，不要盲目地去追寻那虚无缥缈、遥不可及的幸福。追寻虚无缥缈，莫如知福惜福。

花要半开，酒要半醉

《菜根谭》有云：“笙歌正浓处，便自拂衣长往，羡达人撒手悬崖；更漏已残时，犹然夜行不休，笑俗士沉身苦海。”这句话的大意就是：当歌舞曲乐达到高潮的时候，主动起身离开，这种撒手于悬崖的豁达之人真是令人羡慕；在夜深人静的时候，还有人在不停地奔走忙碌，这种沉沦世俗苦海的人，实在令人可笑。

常言道“花要半开，酒要半醉”，只有适可而止，才能享受到其中的真正乐趣。孔子说“唯酒无量，不及乱”，喝酒不必有定量，不喝醉即可，而那些喝到烂醉如泥的人，不但不是享乐反而是受罪。

白居易在《长恨歌》中写到：“缓歌慢舞凝丝竹，尽日君王看不足。”说的正是唐玄宗在笙歌正浓时，没有做到自动起身拂衣而去，所以使得动乱愈演愈烈。后面几句“渔阳鼙鼓动地来，惊破《霓裳羽衣曲》。九重城阙烟尘生，千乘万骑西南行。翠华摇摇行复止，西出都门百余里。六军不发无奈何，宛转娥眉马前死”，说的正是由此导致的安史之乱险些摧毁大唐帝国的基业——唐玄宗和杨贵妃的欢歌艳舞纵然美丽，但他们并没有适可而止，玄宗纵使是帝王之尊，也挽救不了爱妃的性命，最终，杨贵妃被愤怒的禁卫军逼死在马嵬坡下。

其实，欢歌艳舞是看不尽的，唐玄宗却太过于沉迷，以致荒废政务，他做得确实太过了，最后酿成了难以挽回的悲剧。因此一个人在得意时，一定要懂得适可而止，否则一旦有一天身陷苦海就后悔莫及了。

协助秦始皇统一天下的秦国丞相李斯便是一个不知“花要半开，酒要半醉”的官员，最终酿成被腰斩和灭门的悲剧。唐朝一位诗人于李斯墓前题的一首诗，便是这一悲剧的真实写照。诗云：

上蔡东门狡兔肥，李斯何事忘南归？

功成不解谋身退，直待咸阳血染衣。

初入秦国时，李斯便向秦王嬴政献上了剿灭六国、平定天下的计划，而后又说服秦王采用开放政策。面对秦王因有间谍潜入而下的逐客令，李斯献上《谏逐客书》，对诏令提出异议。

这两件事被秦王肯定，于是他多次提拔重用李斯，李斯的职务也由客卿、长史直至廷尉。六国先后被灭，李斯也官至丞相。秦王统一六国后，天下太平，李斯又提出多种措施来加强秦国的统治，比如，反对分封制，坚持郡县制；建议拆除郡县城墙，销毁民间兵器，以加强对人民的统治；主张焚书坑儒，禁止私学，以加强专制主义中央集权的统治。此外，在制定法律，统一文字、度量衡、车轨等方面，李斯也有显著的贡献。

由于李斯在朝廷中的功劳不断增多，他的权势也渐渐接近巅峰，整个朝政大局几乎都由他来主持，他的子女也都各有势力。其长子李由做三川郡守，手握当地的军政大权，其他子女也都与帝室建立了婚姻关系。李斯可以说是春风得意，然而他自己也并不是全无警醒。

一次，其长子李由回到咸阳，李斯大摆家宴，文武百官前来赴宴祝酒。在热闹的酒席上，李斯想起了其师荀卿的告诫“物忌太盛”，因此感慨万千，说道：“吾乃平民，今官至丞相，实乃富贵至极也。然物盛则衰，不知吾将来之何运也！”

即使意识到了物盛则衰的未来，但得意之时的李斯并未以此为戒，谨慎之心不足，仍然贪恋于人生的荣华富贵。秦始皇驾崩于东巡路上后，为了保住自己的利益，他和赵高合谋伪造遗诏，迫令本该继位的长子扶苏自杀，立次子胡亥为二世皇帝，亲手为自己的悲剧埋下了伏笔。

二世皇帝二年，赵高为排斥李斯，诬其为反贼，李斯在严刑拷打、刑讯逼供之下被迫承认谋反，终于被施以腰斩之刑，并被夷灭三族。

【感悟】

李斯常年处于顺境，“一人得道鸡犬升天”，家中所有人共享荣华富贵，然而这一切都不足以令他满足，以致后来愈演愈烈，竟为一己之私篡改遗诏，最终导致了盛极而衰的悲剧。

通常，人处在顺境之时最容易得意忘形，终致乐极生悲。得意固然可以，但切勿忘形，这个度是否把握得好，就要看人的智慧了。

所谓“花要半开”，意指一朵花正值旺盛之时，即使不立即被人采摘，也会是衰败的开始。李斯“花开正艳”，加上自己又“红杏出墙”，更容易引人注意，招人算计。

事实上，许多事情都是在无声无息中酝酿而成的，表面的顺境实际包藏着祸患。所以，我们在该糊涂时就要糊涂，这样才能更清醒地认识事物，在混乱的世界中保护自己。

【糊涂的智慧】

要想生活得轻松一些，宁静一些，就应该少一点欲念，懂得“花要半开，酒要半醉”，凡事适可而止。学会适时糊涂，能得到的或许会更多。

没有永恒的快乐和痛苦

人生没有永恒的快乐和痛苦——快乐与痛苦都是短暂的，所以快乐时无需大喜大乐，因为快乐并不长久；痛苦时亦无需大悲大痛，因为痛苦亦非永恒。面对生活中的悲喜无常，若能看淡一点，必能活得轻松一些。

有个年轻人与情人约好在树林里见面，他来得很早，就随便找了棵树，在树下乘凉。这时候，一位老禅师从树林里经过，见他百无聊赖，便拿出一枚纽扣对年轻人说：“如果你想跳过时间，就将纽扣向右一转，想转到哪就转到哪。”

年轻人想着会不会遇到了罗汉大仙，他试着将纽扣一转，忽见情人向他走来。他想如果他们的爱情能修成正果就好了，于是他又转了一下，看到了自己的婚礼，丰盛的酒席，他和情人并肩而坐，两人甚是开心。不久，他有了官职，还有了几个儿子，后来，家财万贯，转眼间已是儿孙满堂。这一切无不让年轻人喜上心头。

到最后，纽扣已经转不动了，年轻人看到自己已是老态龙钟，卧床不起，几个不孝儿孙把家产挥霍一空，还没人愿意照顾他，他只能在病床上感叹自己的命运。

年轻人看得直冒冷汗，脸色由红变白，浑身哆嗦。正当他万念俱灰的时候，禅师收回了纽扣，于是年轻人瞬间回到了那片春意盎然的树林里，继续等待着他的情人。

不一会儿，可爱的情人出现在他眼前，她依然年轻、漂亮、含情脉脉，周围鸟语花香，多么美好的一片树林，多么美好的一天呀——原来刚才只是虚惊一场。

他高兴地跳起来，拉着情人的手说："最幸福的事莫过于在这里等你！"

这时那个老禅师对年轻人说："人生没有永恒的快乐和痛苦，现在有这么重要的一个人让你等待，这是多么快乐的事情！珍惜现在，享受人生吧！"

当快乐降临时，你要想到这快乐不是永恒的；当痛苦降临时，你要想到这痛苦也不是永恒的。生活带来什么，我们就享受什么；生活夺走什么，我们就接受什么。来是偶然的，走是必然的，所以不必怅然，安然即可。

快乐不长久，悲伤有尽头。世上没有永远的快乐，也没有永远的痛苦。在快乐中我们要居安思危，在痛苦中我们要充满希望，无论身处快乐还是痛苦，我们都应该感谢生活，因为生活原本是美丽的。

有个老和尚正在一个靠海的山洞里盘膝打坐，突然听到一阵女子的哭泣声。夜已深了，那女子究竟遇到了什么事呢？老和尚决定去海边一探究竟。

月色朦胧中，海边岩石上站着一个白色的身影。此时哭声已停，那女子纵身跳进了海里。老和尚颇懂水性，于是忙跳下海去，救起了女子。然而，年轻女子不但不感激和尚的救命之恩，反而埋怨老和尚多此一举。

老和尚问道："女施主，年纪轻轻为何要选择轻生呢？"女子喃喃说道："这里是我美梦开始的地方，所以也应该在这里终结……"

原来，三年前，她在这里邂逅了一个男青年，两个人一见钟情，喜结连理。两年前，他们生下了一个聪明可爱的儿子。然而不幸的是，她的丈夫在一年前突然得病死了。

丈夫死后，她终日以泪洗面，本想跟随丈夫一起去"极乐世界"，但又不忍心抛下可爱的儿子。让她万念俱灰的是，他们活泼可爱的宝贝儿子也在半个月前因病去世了。

"失去了最爱的丈夫和儿子，我孤身一人就再也没有了幸福，活着对我而言已经没有任何意义了……"年轻女子泣不成声，悲痛欲绝，老和尚却哈哈大笑起来。年轻女子着实不解，向他投以愤恨的目光。

老和尚笑够了，便问女子："三年前，就在此地，你有丈夫吗？"女子摇摇头。

"三年前，在这座山上，你有儿子吗？"女人再次摇头。

"那么，你现在不是回到了三年前的样子吗？那时，你独自一人来到海边，是来自杀的吗？"女人被问得无语了。

老和尚接着说："三年前，你孤身一人来到这里。现在，你与三年前一模一样，仍是独自一人。这三年来，你一直过得很快乐，现在却承受着失去亲人的痛苦。其实，快乐和痛苦都不是永恒的。今天，你只是回到了三年前那个无牵无挂的自己而已。所以，为什么不能重新开始呢？你增长了人生阅历，经历了快乐和苦痛，生活不就是这样才圆满吗？放心，还会有快乐等着你的。"

女人问道："我还可以快乐吗？"

"当然可以！"老和尚坚定地说。

"我还可以获得快乐！我还……"女人豁然开朗，脸上露出了久违的笑容。

【感悟】

俗话说：“好花不常开，好景不常在；花无百日红，人无千日好。”生活中，快乐源源不断，痛苦也难以避免。快乐不长久，悲伤有尽头，人生没有永恒的快乐和痛苦。有喜怒哀乐，有悲欢离合，这才是真正五味俱全的人生。种种经历会让我们有更大的勇气去面对生活，珍惜生活，享受生活。

【糊涂的智慧】

生活有苦必有甜，有乐就有痛，一味患得患失只会让自己的心灵承受太多压力，并不能改变实际情况。秉持“得之我幸，失之我命”的心态，凡事看淡一点，“糊涂”一点，心境会更安宁。

尽人事听天命

中国有句老话：“尽人事以听天命。”意思是，人应该尽心尽力去做事，但能否成功就要听天命了。这与“谋事在人，成事在天”是如出一辙的。作为人，必须谋事，这是成事的前提，但我们一定要做好谋事不一定能成事的准备，因为其间的客观因素并不为人所控制。正如庄子所言：“依天从命，因顺自然。”

个人的力量在世界上显得格外渺小，你不是世界的起点，也不是世界的终点，更不是世界的支点，只能算是大海里的一颗小水珠。你有志流向大海，这是好事，但能否真正汇入大海就要看天了。

其实，尽人事听天命是一种极好的心态。人生在世，凡事只要尽心尽力就行，至于成功与否，就不在我们的控制范围内了。也就是说，做完该做的事之后，就要糊涂起来，不要刻意盯着结果。只要我们尽力了，成功与否无需苛求，更不必为失败自责。

佛说："一切随缘。"这是一种能善观因缘而随机诱导的智慧。如果一个人能真正做到尽人事听天命，随缘而动，就不会患得患失，时常处于不安不宁的忧愁中，也不会苛求自己做到绝对完美、绝对成功，对于人生的成败得失都会坦然接受。

禅院后面有一片空地，师父准备撒些草籽。弟子们得知消息之后都很高兴，三番五次催促师父下山买草籽。

师父说："别着急，等有空了，我再去买。这草籽什么时候撒草都能长出来，不用太着急。随时即可！"

晚春时分，师父把一大袋草籽放在小和尚面前，对他们说："去吧，现在可以撒草籽了。"

小和尚们撒的时候，正好起风了，他们撒了很多，都被风吹跑了。小和尚们焦急地说："不好，许多草籽都被风刮走了！"

师父说："没关系，能被风吹走的草籽都不饱满，种下去也不会发芽，不用担心。随性即可！"

小和尚们把所有草籽都撒向空地之后，突然间飞来许多麻雀，在地上不断啄食。小和尚们看见了，焦急地喊道："不好，草籽都被麻雀吃光了！看来我们白忙活了，今天真不是撒草籽的好日子。"

师父不慌不忙地说："没事的，草籽那么多，麻雀是吃不完的，你们放心，很快就能长出小草来了。随遇即可！"

不料，当天夜里下起了大雨，小和尚们都很担心草籽被冲走。第二天早上，他们都跑出禅房，到那片空地一看，情况果然糟糕，所有的草籽都被冲走了。于是他们急忙去找师父，带着哭腔说："师父，昨晚一场大雨把地上的草籽都冲走了，这下真的什么都没了。"

师父依然淡定地说："何苦为这个担心呢？既是草籽，随处是土地，被冲到哪里都会发芽的。随缘即可！"

当年夏天，后院长满了青翠的草苗，而且并不局限于当时撒籽的那一片空地，整个院子看上去绿油油的，甚是好看。

小和尚们高兴万分，对师父说："师父，您说的真准，看这样子，咱们种下去的草籽很多都长出来了！"

师父点点头说："这下你们该宽心了吧。随心即可！"

其中有一个小和尚问："师父，我今后也能达到您这种境界吗？"

师父笑着说："尽人事听天命，只要你专心修行即可，达到何种境界不必多想。"

【感悟】

只要专心撒下种子即可，能否长出绿草来就只能看天意了，担心、焦虑、抱怨都是无益的，最好的办法是以一颗平常心来接纳一切发生的事情。平常心，说起来容易做起来却很难，这需要我们在做事时力求"事前不困惑，事中不退缩，事后不后悔"，既能认真、积极去努力争取，又能坦然面对任何结果。

这就是对待过程和结果的态度——智慧的人把努力的过程交给自己，把最终的结果交给佛祖，这样一来，就会专注做事，轻松做人，对待一切都能坦然。因为任何事都有主观因素和客观因素，尽量把握好主观因素，对于客观因素则不必苛求太多，苛求亦是徒劳。

人生有所求，求而得之，我之所喜；求而不得，我亦无忧。凡事不强求，尽人事，听天命，凭自己的能力做好自己该做的事，用一种"糊涂"的心态去面对事情的结局，唯有这样，才能避免患得患失。

【糊涂的智慧】

尽人事听天命，重在过程，不求结果。对于需要做的事，竭尽所能将其做好；面对自己不能左右的结果，淡然面对。“糊涂”一点，不必太强求，不用太追究；顺其自然，顺势而为。得之我幸，失之我命，一切随缘。

天地本不全，人生亦应不全

在古典名著《西游记》里，唐僧师徒取经路上的最后一劫是取得的经书掉进了河里。晒经书的时候，石头把《佛本行经》磨破了一页。唐僧和八戒、沙僧非常懊悔，孙悟空却在一旁笑着说：“盖天地不全。这经原是全的，今沾破了，乃是应不全之奥妙也，岂人力所能与耶！”

天地本来就不是完美的，人生亦应不完美，总会有遗憾，我们又何必苦苦求全呢？相信“天地本不全”才能接受人生的“不全”。

人生就如同《西游记》里的那些经书，纵使师徒四人历经千辛万苦取经到手，也依然难保完美无缺。虽说经书残缺不全，但这并非败笔，只要放宽心态，不去苛求天地，苛求人生，相信这残破的经书也一样能让人“修成正果”。一切随缘才是我们必须选择的道路，不要一味去追求完美的人生，那样只是自欺欺人。

不完美是种宿命，而宿命是难以抗拒的，最聪明的办法就是接受，在此基础上完成自己追求完美的愿望。

一个有名气的雕塑家雕的艺术品非常完美，以至于当他完成一尊雕像时，很多人都无法分辨出那是塑像还是真人。

一天，一位占卜大师对雕塑家说：“你的死期将至，准备迎接死神吧。”

雕塑家分外伤心，也很害怕，他静心思索了一段时间，最后终于想到，或许有一个方法可以让自己逃避死亡。他做了10个自己的雕像，每一个都非常逼真，希望以此迷惑死神的眼睛。

当死神来敲门时，雕塑家就混迹在那10个雕像之间，屏住呼吸，房间里看起来像有11个他。死神非常纳闷，他难以相信自己的眼睛：“世界上根本不可能有两个完全一样的人，更别说有11个人一模一样了。到底哪一个才是我要找的人呢？”

死神自己不好定夺，只好带着困惑回去问上帝：“您的创造向来是独一无二的，但为什么会有11个一模一样的人呢？我要带走的只有一个，这要怎么选择？”

上帝笑了，他向死神传授了一个办法，说一定能把雕塑家从中找出来。

他教给了死神一句话，让他在雕塑家面前说出来。

之后，死神回到了雕塑家的房间。他仔细观察了每一尊雕像之后，叹息地说：“先生，一切都非常完美，只是还有一点小小的瑕疵。如果把这个瑕疵修好，就算完美了。”

雕塑家一听说有瑕疵，心中按捺不住怒火，忘记了自己正在躲避死神，跳出来问道：“什么瑕疵？你指的是哪个地方？”

死神笑着说：“这下终于分辨出你来了，这就是瑕疵——你过分追求完美。你的寿命已尽，躲避亦是无益，还是跟我走吧。”

【感悟】

佛经里说的“娑婆世界”是指“人的世界”，也是永远存在缺憾而不得完美的世界。我们生活在原本就不完美的世界上，又何必要极力苛求完美呢？

如果人生真的没有了一切曲折和遗憾，那么真正的快乐又拿什么来对比呢？真正的圆满又从何而来呢？不懂得接受现实，不理解什么是真善美，什么是假恶丑，那样的人生才是真正残缺的。与其寻求人生本没有的完美，不如做一个完整的人，享受人生的酸甜苦辣、悲欢离合，尝遍世间百味，不留下遗憾。

鲁迅说："倘若要完全的书，天下可读之书怕要绝无；倘若要完全的人，天下配活之人也就有限。"有时很多事是在人的意料之外的，并没有完美可言，但或许像维纳斯一样，正因为有一些残缺，才会更加受到人们的喜爱。

人生就像一个永远装不满的背包，因为装不满，人才会不停地寻找，在追求的过程中，才会有更多的希望。人生就是这个样子，缺陷一直都是存在的。正因为有了这些缺陷，生活才会充满斗志、充满乐趣，否则，一旦人生的背包装满了，就不会再有人前进了，必然会走下坡路。

【糊涂的智慧】

天地本不全，人生亦应不全。不完美的人生并不可怕，相反，这才是真正的人生。月满则亏，不能过度苛求，学会"糊涂"一点，为人生留点喘息的空间，享受你身边缺憾的美好，以这般豁达的态度对待生活，你的生活将更加宁静。

人生在世，一箪食，一瓢饮，足矣

暖房里的鲜花，几天没人料理就会枯萎，而仙人掌即使在荒无人烟的沙漠也能顽强地生存。表面上看，是因为仙人掌的生命力顽强，实际上，是因为仙人掌所求不多。人也是如此，不同的人就好比鲜花、仙人掌和其他花草，每个人都有不同的欲求，有的人追求花天酒地，有的人满足于粗茶淡饭。

很久以前，古人就提出“饮食”是“人之大欲”。“饮食之欲”，为的是解决饥渴，是人类生存下去的物质需求。可以说，追求饮食之欲，是人的一种本能。不过，随着人类社会的发展，人们的“饮食之欲”越来越偏离了本能，对饮食的需求慢慢发展成了满足感官的愉悦，生存本能演变成了生命的享受。人们不仅追求吃饱吃好，还发展到竞相追求美酒佳肴，实际上，这已经变成了不合理的欲望。

人之所以常感到身心疲惫，是因为所求的太多。解决了生存的基本欲求，仍不满足，还想得到更多更好的东西，这是何等“糊涂”之事。只有放下过多的欲望，才能不被欲望所驱使，避免疲于奔命的悲剧。

波斯匿王近来胃口非常好，看到什么东西都要饱食一顿，于是他一天一天地发胖起来，终至行动困难，走几步都气喘吁吁。他忧心忡忡地来请教佛陀，有什么减肥的妙方。

波斯匿王对佛陀说：“佛陀，我因为受不了美食的诱惑，饮食过量，以致越来越胖，非常烦恼。”

佛陀怜悯地说：“王啊！你的贪念为什么这么强，难道没想过要制止吗?”

波斯匿王皱着眉头：“有啊！曾经试过，但还是抗拒不了想吃的欲望，怎么办呢?”

佛陀微笑道：“想得到不该得的东西就叫做贪。不知道要适可而止也叫贪，必然会造出种种罪业，伤害别人，自己也遭受业报的痛苦。要消除这种烦恼，就要饮食节量，这样自然能够身体健康。”

【感悟】

营养和财富都是人生存的必需，但营养过剩会导致肥胖，狂热地追求财富会损害人的身心，如果在满足自身欲望的同时注意一个度的问题，疾病就无法威胁到自己了。欲望是无限的，但人真正所需要的却是有限的。

家有广厦万间，睡觉也不过数尺之地；家有良田千顷，吃饭也只几碗而已。既然如此，为什么不采取另一种活法呢？如果人人都能抛弃那些不合理的欲望，用感恩的心去享受人生，那将是多么美妙的事情。

如何保障人性的合理欲望呢？古人只用四个字便回答了这个问题："清心寡欲"。满足于生活的基本所需，不追求物质享受，具备这种"糊涂"境界的人一直被中国人尊崇为高尚的人、有道德的人。

我们做人，也要让自己活得轻松一些，追求"清心寡欲"的境界，这样我们的人生便不会太累了。如果你想拥有快乐，就要控制欲望，即使你可以获得更多更好的东西，也要视自己的需求而行，如此一来，才会为你得到的而快乐，时刻充满满足感。

【糊涂的智慧】

人生在世，一箪食，一瓢饮，足矣，苛求太多也是徒劳，倒不如"糊涂"一点，能满足需求即可，清心寡欲，便能达到无悲无喜的高境界。

保持平和的心态，才是真正的智慧

古语有云："性躁心粗者一事无成，心和气平者百福自集。"一份平和的心态，是面对纷纷扰扰的尘世最聪明的态度，是一种不悲不喜，闲看花开花落的淡然。

现今，社会上普遍存在一种急功近利的急躁心理。有这种心理的人，往往看不清事情的真相，看待事物只停留在肤浅的表面。即使一时侥幸成功了，也不会有真正的满足感，因为成功来得太容易，会让其更加浮躁和盲目，最终会因欲求过度而一败涂地。只有保持平和心态，用超然的眼光看待问题，才能永远立于不败之地。这是人生的一大智慧。

平和的心态能消除人的浮躁之气，以一颗平常心审视事物，做到不悲不喜，在尘世中寻求到一份安宁。

有位禅师为了推动佛教的发展，做了许多努力。弟子们为了达成禅师的理想，很努力地向人们劝募，鼓励信佛的人布施、做功德。

有一次禅师云游归来，弟子竞相向他报告各自劝募的成绩。一个弟子很得意地说："师父，今天有一位施主布施了一百两银子，他说，可把这些钱作为我们兴建大雄宝殿的费用。"

另一个弟子听了，也报告说："师父，城内的刘居士愿意布施给我们一年的米粮！"

其他人也都纷纷向禅师报告人们的向佛乐施之意。禅师皱起眉头，他制止了大家的发言，向弟子们说道："你们都辛苦了，可惜化缘太多，没有功德！"

大家不解，问道："为什么化缘多反而不好呢？"

禅师道："人们富有起来，寺院才能香火不断，更加兴旺。如果经常劝人们捐献功德或赞助佛事，无异于杀鸡取卵。等到有一天人们无力负担了，寺院靠什么来维持呢？"弟子们大悟，深感惭愧。

弟子们都以为多多募集资金对发扬佛教事业有好处，因此想尽各种办法请求人们布施，禅师却抱定平和之心，以冷静的智慧捕捉到一味募捐"无异于杀鸡取卵"的本质，从而点醒了弟子。

在现实社会里，类似的例子其实有很多。比如有些无良商人为了赚钱，不惜以假冒伪劣商品损害消费者的利益，殊不知，这样只能取得一时的利益，一旦人们认清真相，他们便会自食其果。可见，聪明反被聪明误，这是真正的糊涂人。反过来，如果商人能抛开急功近利之心，以平和的心态仔细思考，就能弄明白他们和消费者的关系，就会用心做出好的产品，一旦产品的质量得到消费者的认可，就会得到丰厚而长远的回报。这才是真正的智慧。

历史上有名的姜太公，姓姜名尚，又名吕尚，是辅佐周文王、周武王灭商的功臣。在得到文王重用之前，他隐居在陕西渭水附近。为了能引起文王的注意，太公常在番溪垂钓。一般人钓鱼，都是用弯钩，上面装着饵食，把钩沉进水里。但太公的钓钩是直的，而且既不挂鱼饵，也不沉到水里，离水面三尺高。

一天，有个打柴的来到溪边，见太公竟然用这种方法钓鱼，就对他说："老伯，像你这样钓鱼，一百年也钓不到一条鱼的！"

太公举了举钓竿，说："总会有鱼儿上钩的。"

这件事传到了文王那里，他派一名士兵来问太公。太公不理不睬，只顾自己钓鱼，还自言自语说："鱼儿不上钩，虾儿来胡闹！"

文王听了士兵的回报，改派一名官员去请太公。可是太公依然不理睬，边钓边说："大鱼不上钩，小鱼别胡闹！"

文王这才意识到，这个钓者必是位贤才，要亲自去请他才对。于是他斋戒沐浴，带着厚礼，前往番溪去请太公。太公见文王态度诚恳，便答应出山为他效力。

后来，太公辅佐文王兴邦立国，又帮助文王之子武王灭商兴周，被后人称为"兴周八百年"的第一功臣。

【感悟】

生活中，很多人因为缺少平和心态，不能忍受损失鸡毛小利、在人前丢面子等小事，只图眼前得意，结果只能徒增烦恼，甚至惹祸上身。

古人讲“大智若愚”，愚笨一些，才是真正的聪明。能够愚笨起来，说明你有着平和的心态，这会让你更冷静地对待问题，更能透过纷乱的表象把握事物的本质，想出更完美的解决办法。

“月有阴晴圆缺”是自然之道，人们都觉得这是平常的事，很少为此而烦恼。同样的，人也是如此。人的一生总会经历悲欢离合，会经历很多变化和挑战，会有起落、祸福、得失等对比强烈的体验，这是人生之道。我们可以用平和之心看待自然，为什么不能用平和心态面对自己的人生呢？凡事看开一些，“糊涂”一些，把心态放平和，才能用心领略人生的风景。

【糊涂的智慧】

保持一份平和的心态，才是真正的智慧，这种“大智若愚”的境界远远胜过一百个“性躁心粗”的小聪明。

第六章

知感恩，念好不记仇：糊涂一些看世界，美景处处

『百年轮回千年等，他世不做陌路人。物事人非性已改，依旧不泯养鱼恩。』他人纵有千处不好，也总有一处是好的。与其苦苦念着他人对你的伤害，彼此结怨千年，不如『放下屠刀，立地成佛』，用一颗『糊涂』的心去化解愁怨，感恩万物，看尽世间的美好。

吕端大事不糊涂

《菜根谭》有云："天运之寒暑易避，人世之炎凉难除；人世之炎凉易除，吾心之冰炭难去；去得此中之冰炭，则满腔皆和气，自随地有春风矣！"

这句话的大意就是：大自然的寒冬炎夏容易躲避，人世间的炎凉冷暖却难以消除；人世间的炎凉冷暖即使容易消除，积存在我们内心的积怨仇恨却不易排除。假如能排除积压在心中的积怨仇恨，那么，和气就会充满胸怀，到处都是极富生机的春风。

许多事情非要寻出个究竟，并不是明智之举，倒不如多一点"糊涂"，少一点执拗，或许我们会看到另一番绮丽的生活风光。

北宋人吕端，官至丞相，是三朝元老，他在大局、大节问题上毫不糊涂，但在事关个人利益的问题上却能"糊涂"了事。正因为如此，他在40年的宦海生涯中几乎没有受到什么冲击，这种情况在封建王朝中实在是不多见。

吕端担任副宰相之初，就留下了“糊涂”之名。有一次，他从文武百官面前经过，一个小官由于平时听多了吕端的“糊涂”事迹，对他很不服气，就不屑地说了一句：“这个人竟也当了副宰相?”吕端的随从大怒，要问那个人的姓名，查清他的身份。吕端制止说：“不要问，你若问了他必告诉你，他说了我也就知道了，而我一知道，便终生不能忘记这个公然侮辱我的人。刻意去报复对我来说是不可能的，但以后如果有什么事涉及他，需要我来裁夺，想做到公正对待一定很难。所以，还是不知道的好。”吕端这种君子不念恶的处事态度，在世人眼中被看成了“糊涂”。

有一年，宋太宗把朝中大臣李惟清从掌管全国军事的枢密使位子上调去当负责监察百官的御史中丞，虽然是平调，但权力却不如从前了。他认为是吕端从中作梗，就趁吕端在家养病没有上朝的机会，告了吕端一个恶状。事情很快传到了吕端耳中，然而吕端不以为然，他既没有去对皇帝解释，也没有去找李惟清算账，而是淡淡地说：“我一辈子行得正，坐得直，没有做什么对不起人的事，又怕什么风言风语呢?”吕端这种不与人计较的坦然心态又被世人称为“糊涂”。

吕端很“糊涂”，对外如此，对内亦如此。他为官非常清廉，从未有过贪污受贿之事，就是每月应得俸禄也常常分出一些来周济别人，以至于后来吕端去世后，他的两个儿子生活贫困潦倒，结婚还需要把房产抵押给别人。以宰相之尊，而后人贫困至此，在常人的眼里又是多么“糊涂”。

吕端的“糊涂”受到人们的称赞，他这种对自身名利淡然处之的“糊涂”，实在可贵。然而，真正使他名传千古的，还是他的“大事不糊涂”。

公元997年，宋太宗病危。由于太宗接替太祖的过程中曾出现“烛影斧声”的千古疑案，因此在太宗病危的关键时期，吕端每天都陪着太子到太宗病榻前探望。太宗驾崩后，吕端迅速控制了计划谋变的关键人物王继恩，并且趁热打铁，率领大臣共同保太子继位。真宗登基后，坐在大殿上垂帘接受群臣的朝拜，吕端站在朝堂之下不肯下跪，要求卷起帘子来，确认台上是真宗本人，才率领群臣磕头跪拜。接着，吕端又把反叛之徒发配到外地，彻底平息了这场争端，稳固了当时的政权。

【感悟】

我们平时所说的“吕端大事不糊涂”这一典故就是从上面的故事来的。在这里，我们要强调的是吕端对小事的“糊涂”。身为一国丞相，他“不居功自傲，不一蹶不振；常思自己过，莫论他人非”。如《菜根谭》中所说：“我有功于人不可念，而过则不可不念；人有恩于我不可忘，而怨则不可不忘。”吕端得宠思辱，居安思危，方能让自己的处境更安全。

做到“聪明看世情”并不难，但凡有一点社会阅历的人，哪怕再俗不可耐，愚昧低贱，都能在自己的情感世界里表现出一份聪颖，难的是做到“糊涂一颗心”。饱尝悲欢离合、得失喜乐、人情冷暖、世事沧桑，你能否知感恩，不记仇？你能否用糊涂的心态看清这个世界的美景？有时候，计较太多难免伤人伤己。不难为别人，其实也是不难为自己。人生在世，要考虑的事情太多，只要像吕端一样做到大事不糊涂，小事不较真，就是明智的处世态度。

【糊涂的智慧】

置身于是非之外而能折其中，置身于利害之外而能观其变，于苦中作乐，处变中不惊，此为糊涂心态之要诀。

糊涂灭心火，智慧燃佛灯

“灯”是光明与智慧的表征，也是佛教中十种供养之一。很多信佛之人想通过燃灯的行为，来点燃心中的“自性灯”。在佛前燃灯，可借着佛的智慧光明，照破我们的无明，成就我们的智慧波罗蜜，获无上功德。

因此，《无量寿经》有云：“为世之灯明，乃人间最胜之福田。”《菩萨藏经》中也说：“百千灯明，忏除悔罪。”

然而，在大千世界中，人总难免会遇到不如己意或被他人损害的情况，于是便会生出心头火来。这心头火就是佛教中讲的嗔心。这种愤怒、仇视、怨恨和损害他人的心理，是人的根本烦恼之一，会使众生身心热恼、不安。同时，嗔心与贪和痴一起被称为“三毒”。

佛说：“一念嗔心起，百万障门开。”所以，在生活中若是碰到了这类不如意之事，一定要记住灭却心头火，提起佛前灯。

清末的印光大师童年未出家时，曾被村里一个性格粗暴的同姓人欺负过，那人扇了他几记耳光，还把他坐的椅子扔到数尺之外。但他担心父母爱子心切，与对方发生冲突，所以忍痛吞声，没将此事告诉父母。自从经历了这件事情之后，大师更加懂得自我修身。

几年之后，大师长大成人，由于品德优秀，很受村里父老乡亲的欢迎。当年打他的那位粗暴之人在路上遇到大师，笑着招呼说：“请到我家来坐坐。”大师笑着同意了。

这件事大师生平不曾告诉别人。1937 年，其弟子彭孟庵在灵岩山寺避难，他的儿子与同宿舍的一个孩子因为小事意见不合闹别扭。大师就把彭孟庵的儿子叫到跟前教育，讲出了多年隐藏于心底的这个故事。大师告诉他："我固然示弱，示弱又有什么妨碍呢！希望你学我的示弱，不可将'竞争'二字奉为神圣不可侵犯。"

印光大师曾撰写《人字发隐》一文，他在这篇文章里说："人以赞天地之化育，继往圣，开来学为德能。"

印光大师懂得示弱，懂得平息心中的怒火，从不与人争，这便是"灭却心头火，提起佛前灯"的最佳境界。

宋代高僧慈受禅师有一首《退步》诗："万事无如退步人，摩头至踵自观身，只因吹灭心头火，不见从前肚里嗔。"

这首诗的大意是：当你在处事中受到伤害时，不要立刻就发火或心生报复之念，而是要自我反省，想清楚整件事的起因，是否错在自己。若现在发怒，之后会有什么结果？若不生气又会是什么样子？如此分析，就会知道孰是孰非、孰轻孰重，怒火也就慢慢消退，彼此间的矛盾也就不会激化了。只要能够心平气和地面对现实，就能很容易地找出化解矛盾的方法，把大事化小，小事化了。

在现实生活中，我们遇到不合自己心意的事时，就会生起厌恶和怨恨，身心就不能平静，由此产生忿、恨、恼、嫉、害等消极情绪，引发各种争斗，甚至会造成灾难。《佛遗教经》有云："当知嗔火，甚于猛火，常当防护，无令得入。劫功德贼，无过嗔恚。"寒山子有诗偈云："嗔是心中火，能烧功德林。"所以，灭却心头火在这个时候显得尤为重要，否则，一旦怒气失去控制，后果将不堪设想。

有一个久战沙场的将军，战功显赫，在军中颇有威望。然而，正当事业如日中天的时候，他却厌倦了战争，一心想出家修行。一次，他专程到一位禅师处要求出家。他对禅师说："禅师，我常年征战沙场，早已看破红尘，请禅师慈悲收我为徒，让我跟着您修行吧！"

禅师说："你有家庭，社会习气太重，目前还不能出家，以后再说吧！”

将军说：“禅师，我现在什么都能放下，妻子、儿女、官位都不是问题，我一心想修行！”

禅师说：“再说吧！”

将军无奈，只得离去。

有一天，将军起了个大早，赶到寺里礼佛，禅师一见到他便说：“将军为什么那么早就来拜佛呢？”

将军用禅语诗偈答道：“为除心头火，起早礼师尊。”

禅师也用偈语回道：“起得那么早，不怕妻偷人？”

将军一听，非常生气，破口便骂：“你这老怪物，讲话太伤人！”

禅师哈哈大笑：“轻轻一拨扇，性火又燃烧，如此暴躁气，怎算放得下？”

【感悟】

诗云：“人人避暑走如狂，独有禅师不出房，不是禅师无热恼，只愿心静自然凉。”

大德高僧说：“不是天气热，是心火不熄；不是境不顺，是内心矛盾。”

很多人都难挡酷热大暑，其实只要心能够安静下来，酷暑自然就不会“猖狂”。真正的热还是来自于人心中的怒火。这心头火，都是由小小的怒、怨而生，渐渐地形成了“燎原之势”。这熊熊烈火危害极大，不仅会烧掉所有的功德，还会影响良好的人际关系。

当然，人非圣贤，要一个人时时刻刻保持良好状态，不生气、不发怒、不怨恨也是很难的。不过，我们可以通过学习和修养，调整自己，在遇事时学会“忍耐”克制，所以寒山子诗偈云：“欲行菩萨道，忍辱护真心。”

【糊涂的智慧】

世人常有心头火，所以佛陀教人“灭却心头火，提起佛前灯”。聪明的人懂得在危险时刻保护自己，不生气，不愤怒，不怨恨，“糊涂”对待万事万物，精明保护自己。

糊涂去算人情账，多把鲜花赠仇人

元朝戏曲《朱砂担》中写道：“其屈死一双怨鬼，偿还他来世亨通。才见得冤冤相报，方信道天理难容。”佛教认为，众生间的交往都是有“宿缘”的，所以，施恩、结怨等情况不可避免。报恩是应该的，佛家有“上报四重恩”等说，而“以冤报冤”则形成了“竖穷三世，横遍十方”的因果锁链，俗语称为“冤冤相报”。

唐代语本《敦煌变文集·庐山远公话》有载：“若不今生猛断却，冤家相报几时休！”冤冤相报造成的结果只会是两败俱伤。佛家认为，必须以德报怨，做到冤亲平等，才有可能断除冤冤相报的因果锁链，得到自由。所以，将心中的鲜花赠予仇人，化解相互之间的仇怨，如此“糊涂”处事，方能天下太平。

有一位禅师于山中修行多年，一天夜里，他趁着皎洁的月光在后山的小路上散步，散完步后回到自己住的茅屋时，正碰上个小偷在家中寻找东西，他怕惊动小偷，便一直站在门口等候。

小偷找遍整个茅草屋都没有值钱的东西，返身离去时却遇见了禅师，他一脸惊慌不知如何是好。禅师说：“你走老远的山路来探望我，总不能让你空手而回呀！”说着就把自己身上的外衣脱下披在小偷身上，温柔地说道：“夜里凉，你带着这件衣服下山吧。”

小偷看到这位禅师的举动，听到他的言语，一时不知所措，低着头溜走了。

禅师看到小偷离去的背影甚是凄凉，感慨地说：“苦难中的人呀，但愿我能送一轮明月给你！”

第二天早上，灿烂的阳光透过树林洒进了禅师的茅屋，禅师推开门，门口竟放着昨晚送给小偷的那件外衣。禅师倍感欣慰，喃喃地说道：“我终于送了他一轮明月！”

《马太福音》中提到：“别人打你的左脸，你把右脸给他打，用爱来征服自己的私心，用爱来感化世界。”这一教义与佛教中“以德报怨”的思想有异曲同工之妙。冤冤相报何时了，何不以德报怨？孔子曰：“为政以德，譬如北辰，居其所而众星拱之。”由此可见“德”的力量之大。

以德报怨，将心中的鲜花赠予仇人，一般人很难做到，需要有一颗真诚、宽容、仁爱之心。真诚地将心中的鲜花赠予仇人，仇人也会因此而感动，纵然铁石心肠也绝不会无动于衷。

以德报怨需要人具有打碎了牙往肚里咽的忍，不能透露出自己的不满，想的不是要如何报复对方，而是原谅对方，然后思考如何用宽容和真诚感化对方，让对方得到那“一轮明月”。

真正做到以德报怨，将心中的鲜花赠予仇人，你会惊喜地发现，原来自己只不过送出了一朵鲜花，却能收获整个百花齐放的春天。

一名虔诚的佛教信徒家财万贯，在他即将告别人世之时，为了测试三个儿子哪个适合继承自己的遗产，便把他们叫到了床边，说道：“你们三人出一趟远门，三个月以后再回来，然后把旅途中最得意的一件事告诉我。我想看看你们哪一个最适合继承我的家业。”

儿子们听完父亲的吩咐后，马上背着行囊出发了。

三个月很快过去了，这三个儿子都回到了家中，老人便向他们询问旅途中的情况。

老大说道："一天，我在一家客店歇息，有个人匆匆忙忙走到我跟前，让我帮他保管一袋东西，隔天就来取，我答应了。袋子里面全部都是珠宝，如果我拿几颗，也没人能看出来，但我没有这样做，等那人来取时我原封不动还给了他。"

老人听完，说道："嗯，不错。不过，东西本来就不是你的，如果你暗中拿了几颗，将会犯下偷盗的罪行。"老大听了，觉得父亲的话十分有深意，便退到一边了。

老二说道："有一天我走在河边，烈日炎炎，非常口渴，正想要休息会儿，忽然听到有人大呼救命，原来是一个小孩溺水了。当时我什么都来不及想，便跳进水里把他救了上来。事后，那个小孩的家人要拿重金来感谢我，被我拒绝了。"

老人说："你虽然救了别人的性命，但这也是你的分内之事，倘若见死不救，那么你这一生都会在阴影中度过。"老二听了，点了点头，也退到一旁去了。

老三说道："一天，我走在一条十分险峻的山路上，忽然看到前面有一个人昏倒了，如果他翻一下身，就会掉进悬崖，性命定会不保。我便急忙走上前去，发现他竟是以前那个羞辱我多次的仇敌。以前我几次三番想去报复他，只是一直没有合适的机会，这次如果我不管他，他肯定会丧命。但是，我思前想后还是不忍心，便将他叫醒，把他背回了家……"

老三还没把话说完，便被父亲打断了。父亲十分赞赏地说道："没想到你小小年龄，竟有如此宽大的胸怀。你的两个哥哥所做的事，都是应该做的事，而你能够以德报怨，实在难得啊！有你继承家业，我想我们家族定会兴旺的。"

【感悟】

做自己该做的事，能证明你是一个好人；然而能够做到常人很难做到的善事，则更彰显出人性的光芒。故事中的老三在自己的仇人遭遇困境时，及时伸出援助之手，不念旧恶，帮助仇人渡过难关，将心中的鲜花赠予他，就更是难能可贵，令人折服了。

【糊涂的智慧】

恩怨情仇不应分得太清楚，“糊涂”看怨，“糊涂”待仇，做到冤亲平等，以德报怨，将心中的鲜花赠予仇人，这样，世界将会更美好。

莫怨天，莫尤人

佛家有言：“相即不二。”意思是说人们总是生活在二元对立之中，比如，空有、得失、荣辱、爱憎、喜怒……因此才会烦恼重重。当然，如果人们能从“以自我为中心”的桎梏中解脱出来，用心去观察社会还有自己的生活，那么所有人都能相处融洽。苦乐只在一念之间，即使遇到不如己愿的人和事，我们也要调整心态轻松面对，不怨天，不尤人，那么生活就不会仅仅徘徊于苦难的二元对立中，而是拥有更多的选择和更广阔的天空。

其实，纵使我们怨天尤人，事情也不会因此而得到改善，与其诅咒四周的黑暗，不如放宽心态，点燃心中的灯，把生活照亮，同时也造福他人。

很多时候，同一件事情，有的人抱怨连连，有的人却能转变心态，乐观从容面对，显然，后者的处事态度更受人们的赞同。

第八代净宗祖师莲池大师在《莲池大师自知录》中说："怨天尤人最损福，一次减三善。"印光大师也曾说："假如你遭遇逆境而不怨天，那么你及你的子孙必兴盛流长。"一次怨天尤人要减三善，再大的福禄也会因为抱怨而荡然无存。所以，无论我们经历过或者正在经历怎样的不幸，都不要怨天尤人，因为这样做不仅没有任何意义，而且还会让自己的心情更糟，事情也得不到很好的解决。避免怨天尤人最好的办法是靠自己的力量改变生活，改变现状，从而获得幸福。

唐朝大历年间，有一个叫乔龟年的人善写篆字，对母亲很孝顺。

乔龟年常年以卖字为生，把钱拿去买各种食物孝奉母亲。有时看见母亲不开心，就悲伤得仰天大哭，怨恨自己太穷不能使母亲晚年享福。

有一个夏日，他到井边打水，忽然有个黑衣人从井里跳出来，站在井旁对乔龟年说："你受穷是前世注定的，何必因为你母亲一不如意就向天哭诉呢？"

乔龟年一看是神仙降临，就施礼说道："我常常恨自己不能富贵，没能让母亲安享晚年。家里靠我写字挣的那点钱，根本不够用。我越想越觉得自己的生活悲哀，不觉就向天哭泣了。"

神仙说："你的孝心已经感动了上天，上天决定赐予你钱财百万，就在这个井里。"说完就消失了。乔龟年果然从井里拿到了一百万钱。从此，他们家的生活富足了，他常常买些山珍海味给母亲吃，也不再出去卖字了。

几年之后母亲去世，乔龟年悲痛欲绝，把剩下的钱都用来办了丧事。结果，自己的生活又没有了保障。

有一天，他又来到当年取钱的井边，怅惘地说："当年我家穷的时候，上天赐给我钱。如今我又穷了，上天怎么不管我了呢？若是过去上天看我是孝子才给我钱，难道母亲离世了我就不再是孝子了吗？"

不一会儿，那位黑衣神仙又出现在了井边，对乔龟年说："过去上天知道你没钱孝敬老母，才给你钱让你买好东西，并不是救你的穷。如今你不用再为母亲买东西了，当然就不会再赐钱，你有什么可抱怨上天呢？如果你抱怨上天，就证明你存有私心，对母亲的孝心是不真诚的。"

乔龟年听后十分惭愧，赶快向神仙行礼告罪。神仙又说："过去你的孝心感动了上天，现在你不孝的私心，上天也看在眼里。劝你今后还是自谋生路，不要再妄想有神仙赐予你钱了，否则，你会冻饿而死。今天你再次怨天，已经罪孽深重了，你后悔也于事无补。"说罢又消失了。

后来，乔龟年并没有再去卖字，他贫困交加许久，后来果然冻饿而死。

【感悟】

乔龟年在面对贫穷的时候，不是想怎样去改变现状，而是怨恨上天。刚开始他的孝心让上天感动，上天给了他一笔钱，可是后来母亲离世之后，他依然怨天尤人，最终冻饿而死。

生活中，总有些人习惯性地怨天尤人，但却忘记了反省自己的行为举止是否得当，是否能够让自己在社会上安身立命，是否给别人带来了困扰和伤害。如果一个人不知道反省自己，只是毫无理智地怨天尤人，最终会离幸福的道路越来越远。

圣严法师说："一份宁静，始于一份安详；一份快乐，始于一份释怀；一份醒悟，始于一份宽恕。不抱怨，生活才不会累。"如果我们怨天尤人，那么生活中的一切都有瑕疵；如果我们不怨天不尤人，那么世界上的万事万物都会给予我们意想不到的美好。

【糊涂的智慧】

荀子说："自知者不怨人，知命者不怨天；怨人者穷，怨天者无志。"

聪明的人从不怨天尤人，因为会徒增伤悲。面对生活中的不如意之事，最好换一个角度思考，使不好的事情都能朝有利于自己的方向发展。用这种“糊涂”心态看到的世界将会更美好。

不要只盯着别人，问题就在你自身

释迦牟尼在《金刚经》里讲，他过去做忍辱仙人的时候，被歌利王节节肢解，全无嗔心，后来他达到了无诤三昧，真正做到了忍辱波罗蜜。

无诤三昧就是指三思而行的处理事物的方法，在处理事物过程中，不冒昧地戳伤对方。这种方法可以避免争执。波罗蜜就是圆满，忍辱的圆满就是心境如如，如如不动。这是一种很崇高的处事境界。这种境界也可以从“自心才是本来因”的角度来解读。

在世俗生活中，矛盾在所难免，即使出家人在寺院里面也仍然会有矛盾。既然矛盾不可避免，我们就要正确对待它，遇到对错是非先从自己身上找原因，这也是一种修行。如果从这里开始修行，相信你很快就能够契入超越二元对立的无诤三昧。这也是芸芸众生需要学习的。

一天，智缘师父正在给众僧和善男信女们讲故事，忽然有事需要离开，便让戒嗔暂替他讲了一则故事。

戒嗔是第一次讲故事，虽然不是很流利，但施主们还是很支持他。

有位女施主听了故事之后，决定送戒嗔一个礼物，戒嗔忙推辞，可是女施主转身就离开了。

次日一早，女施主来到寺里，把手中的一个小纸袋交到戒嗔手中，说是送给他的礼物。戒嗔打开一看，里面有个精美的小盒子，众僧都很好奇，很想看看里面是什么。

但女施主当场阻止戒嗔，说是只能晚上才打开，戒嗔只好作罢。

女施主向众僧告辞，笑容有点诡异。

到了夜晚，众僧齐聚一堂，想尽快揭晓秘密。撕开严密的包装，打开小盒子，大家惊讶地发现里面竟是一瓶洗发水。

想到女施主的笑容，戒嗔明白是被捉弄了，这个礼物并非不好，但确实毫无实用之处。

几个师兄弟笑过之后纷纷散开了。戒嗔打开洗发液的瓶盖，一种淡淡的香味扑鼻而来。

他把洗发水放在水池旁，很长时间没理会它。

一天早晨起床洗漱，看到洗发水的瓶子倒下了，还有洗发液流了出来，戒嗔便伸手把瓶子扶正，也没有在意。

早饭的时候和一个师兄聊天，戒嗔发现师兄身上有点香，凑近一闻，原来是洗发水的香味，戒嗔心里发笑，但是他并不戳穿师兄，只装作若无其事。

之后，他碰见小师弟，奇怪的是他的身上也有这种香味。戒嗔心中疑虑起来，难道小师弟，也偷着用了洗发水不成？平时他最排斥洗头的，今天是怎么了？戒嗔开始怀疑师兄弟们偷偷地使用了洗发水。

戒嗔坐在佛堂中念经，那种淡淡的洗发水的香味不时传过来，环顾四周，不知道来自哪里。身旁一位师兄轻轻拍了拍戒嗔，对他说："戒嗔，你今天身上为什么这么香？"

戒嗔惊异，难道是自己身上的香味？于是他抬起衣袖，上下寻找，发现袖子的拐角上沾了一块洗发液，大概是早上扶瓶子的时候擦上的。原来戒嗔一上午闻到的香味不是来自别人，而是来自他自己。

戒嗔在闻到香味的时候，从未想过是从自己身上传来的，而是一直在怀疑周围的人，殊不知，真正的"香源"竟是自己。似乎每个人在面对不好的事情时，都习惯性地先从别人身上找原因，其实，若从自己身上找起，原因更容易显现。

如果每个人都从别人身上找原因，那么人与人之间的关系必然会生嫌隙。要想处理好人际关系，就要坚持一个原则：无论遇到任何是非，永远是自己错。这一点，可能很多人不能真正接受、理解，做到就更难了。

我们习惯性地不埋怨、不怀疑自己，总觉得自己是对的，所以，一遇到问题就总是把所有责任推给外部环境，怨天尤人，保护自己远离责罚。

其实这样的处世态度并不好，它会让我们不断抱怨、不断争论、不断斗争。如果我们遇事先从自己身上找原因，就不会有这无尽的纷争了。世间是非本来就多，如果每个人都多一分理解，多一点忍耐，生活就会和谐很多。

古印度有一个国王，最恨别人在背后议论他，于是，他便立了一条法律：如果谁在背后对国王妄加评论，便割其肉十斤作为处罚。

“防民之口，甚于防川”，严酷的刑罚使得人民更加愤怒，讲国王是非的人不减反增。

有一天早朝刚完，国王隐隐听到有人说他是一位残暴无道的昏君。对于没有善听之心的国王来说，这种议论犹如洪水猛兽！国王暴跳如雷，眼睛里喷出猛兽般的怒火，直盯着朝堂之下的忠臣。

这时候早朝已散，大臣们已经走了一大半，只剩下几位忠心耿耿的老臣在商讨国事。国王在盛怒之下早已失去了理智，只听身边的小人谗言，就把一位老臣抓了起来，严刑拷打，并依法割掉了他十斤肉。这位老臣被折腾得半死。

很快，这件事就水落石出了，原来评论者另有其人，那位老臣是被冤枉的。国王自己也觉得过意不去，便亲自去探望这位老臣。他的补偿方式是给了这位老臣一百斤肉，并对老臣说：“我只割你十斤肉，补你百斤总算够了吧！”

老臣此时已是奄奄一息了，他痛苦地说道："如果国王你被人割下一个头，而人家补偿你一百个头，这会是一回事吗?"国王终于明白了这个道理，然而当他醒悟之时，这位老臣已经离世了。

【感悟】

每一个人即便只有一点点的长处，都希望得到别人的夸奖和赞美，只有一点点短处，都希望别人能极力帮他隐藏。但是，嘴巴是长在别人身上的，别人说什么并不能由自己来做主。若想让别人常夸自己的优点，少议论自己的缺点，唯有从自身多找原因，自己做到完美无缺，就会"赞多毁少"了。

【糊涂的智慧】

自心才是本来因，生活中遇到问题的时候，千万不要第一时间去怀疑、怨恨别人，而应该坚持从自身找原因，相信错在自己，如此"糊涂"才是聪明的处世之道。

"糊涂"的人从不想去改变世界

有一句话说："对于你现在的环境，如果不喜欢，那就去改变它，如果改变不了，那就去适应它。"其实无论是环境也好，现状也罢，这句话都是适用的。

俄国著名作家托尔斯泰说："世界上只有两种人：一种是观望者，一种是行动者。大多数人都想改变这个世界，但没有人想改变自己。"世界之大，让人难以想象，渺小的个人是很难将其改变的。可就是有很多人苦苦追求改变世界的方法，到头来撞得头破血流仍然找不到出路。其实，如果我们抱着不求改变世界，但求改变自己的态度面对社会和生活，那么一切都将改观。

古时有一个国家，从来都没有人穿鞋子，大家都赤足行天下。

一天，国王去一个偏远的乡间游玩，路上碎石遍地，他走在路上不小心把脚刺伤了。

国王大怒，回宫之后便斥责管理那个地方的官员，还下令将国内所有的道路都铺上一层牛皮。他以为，这样做既能让自己免于受苦，又能保证全国老百姓免受碎石带来的伤害。

国王的想法确实很好，问题是哪里来那么多牛皮？全国这样的小路太多了，要杀多少牛才能筹措到足够的牛皮，又要花费多少金钱、动用多少人力呢？但既然是国王的命令，谁敢拒不从令呢？

所有大臣都在为此事发愁，这时，一个聪明大胆的大臣向国王谏言说："陛下，我们如此劳师动众，牺牲那么多牛，花费那么多金钱着实不值得啊，您用和脚差不多尺寸的牛皮包住您的脚，这样不就能避免受到碎石的伤害了吗？"

国王一听，当下醒悟，立刻采纳了这位大臣的建议。

从此，这个国家的人民便有了穿鞋的习惯。

物竞天择，适者生存。人的一生实际上就是一个不断适应环境的过程。适应的问题不可避免地存在于我们的生活中，既然不能改变世界，那么我们可以改变自己来适应这个世界。

生活不可能总是如歌行板、水乡夜曲，我们也会碰到厄运和灾祸；生活不可能总是一帆风顺、一马平川，我们也会遭遇失败和挫折；生活不可能静如止水、波澜不惊，我们时时都会面对各种变故。

当生活出现变故时，当失败和挫折发生时，当厄运和灾祸降临时，我们要做的就是学会适应。

人依恋昔日的安逸，怀念过去的清静，一旦客观环境发生变化，就很难在第一时间走出昨天，直面这种现实，接受这种变化。没有人愿意失去曾经拥有的东西，然而生活是身不由己的，我们要生活下去，就必须接受现实，面对这个时常让我们感到陌生的世界。

接受，其实是在心理上认同，在情感上容纳。生活中，与其抱怨大环境，妄想以一己之力改变环境而不得，不如接受这个世界，改变自己来适应这个世界。

一个和尚收了两个弟子，师兄叫悟聪，师弟叫悟慧。

这位和尚教徒弟十分严格，如果弟子们诵经时走神或静坐时打盹，他都会予以重罚，不是用木鱼棒敲击他们的脑袋，而是把他们赶到院子里去罚站，即使是大冬天也不例外。

在一个深冬的傍晚，和尚发现悟聪静坐打禅时睡着了，便把他赶到禅院里罚站两个时辰。悟聪知道自己错了，感到很内疚，不敢不听师傅的话，便在门外的深雪里站了两个时辰。

时间一到，他的师弟便把他扶进禅房里，烧柴火给他取暖，不然，他的双腿就有可能被严重冻伤，日后走路都很成问题。

又一年冬季。这一次，悟慧在修业时偷懒，被师父抓住了，师父同样把他赶出了门外。

悟慧的身体不及悟聪的好，但是他很聪明，难以抵御寒冷的他马上在风雪中练起师父教给他的罗汉拳，他练得非常用心、用力。

两个时辰之后，当和尚出来观望时，悟慧依然面不改色地打着罗汉拳，似乎招式还比先前有了长进。

和尚目睹此情此景，脸上露出了难得的笑意，并且饶有兴致地走上前去指导规范他的动作。

后来，悟聪成了受人敬重的戒律院首座，而悟慧则成了住持方丈。

【感悟】

师兄弟两个无疑都有优秀的品质。他们都能够适应恶劣的环境：师兄悟聪能在恶劣的条件下坚持，没有丝毫怨言；而师弟悟慧更胜一筹，他不仅能接受环境，而且能在无法改变环境的基础上积极改变自己来适应环境。

其实，每一次对环境的适应，都是一次严峻的自我考验和自我挑战，是对意志、性格、能力、水平的综合检阅。同时，这个过程也是一个完善自我、战胜自我、超越自我的过程。

当然，这种适应的挑战是痛苦而艰难的，如果一些人难以忍受困苦而畏缩胆怯，不愿去适应，那么他们就会向厄运低头，在挫折面前自暴自弃，从此人生蒙上阴影。若想真正做到改变自己来适应社会，就应该具备坚定的意志和成熟的思想，接受环境带来的变化，接受不同于自己的思想，建立一套处事体系，用智慧武装头脑，让自己不必过得太辛苦。

【糊涂的智慧】

在这个世界上，能够适应环境的人是智者，他们通常处事中庸，既不求改变世界，当社会的强者，又不会一味埋怨社会而无所作为，他们会因势利导，顺势而为，像水一样在各种温度下都能找到合适的状态，在“糊涂”中寻求自我保护。

“糊涂”地宽恕，比教训有效

《菜根谭》有云：“不责人小过，不发人阴私，不念人旧恶。三者可以养德，亦可以远害。”意思是：不轻易责难他人的过失，也不要随随便便张扬别人的隐私，更不要对他人以往的过错耿耿于怀。这三条做人的原则，既可以培养自己良好的品德，又可以避免意外的灾祸。

在现实生活中，有很多人会有“得理不饶人”的心理和行为，一旦抓住了他人的过错，无论有多小，他都会毫不犹豫地揭发，随随便便张扬出去，或者毫不留情地予以教训，不顾语言的轻重，不顾对方的感受，也不顾自己是否有这个资格教训他人。其实，这样做对他人的伤害是非常大的。人无完人，每个人都有可能犯错，面对他人的过错，我们可以选择更好的方法来解决，那就是宽恕。

“宽恕”不仅能令自己身心清净、自在，也能使他人免于恐惧不安。很多人有勇气犯错，但未必有勇气承担，所以，面对自己的错误被他人揭晓、教训、斥责，他是没有心理准备的。这个时候，如果你一味去责备对方，让他无地自容，那么，这个人有可能很长时间走不出这次犯错的阴影，而当他无法摆脱现状的时候，最有可能的就是持续之前的行为，也就是会继续犯错。

其实，犯错之人最需要的就是他人的宽恕，这比教训更有效。佛经亦云：“无缘大慈，同体大悲。”诸佛、菩萨皆以四无量心悯念、饶益众生，希望坏人变好人，好人成圣贤，又怎么会责备众生呢？所以佛教推崇要常以宽广心量、慈悲待人处事。如果真能这样，那么人人心中都有光明，大地处处一派和谐景象。

西汉时期，有一个人叫陈嚣，他与纪伯毗邻而居。纪伯想扩大自己的地盘，一天晚上，他悄悄地把陈家的篱笆往后挪了挪。陈嚣发现之后，立即就知道了纪伯是何用意。但是，他没有立即去找纪伯理论，与他争执，而是悄悄地把自己的篱笆往后让了一丈。

第二天，纪伯正琢磨着如果陈嚣上门争执的话，该如何与他理论，却发现自己的地盘反而又多出了一丈。纪伯明白了陈嚣不仅宽恕了他，而且还给予了他更多。他因此而惭愧不已，不仅撤回了自己的篱笆，还当面向陈嚣道了歉。这就是有名的“陈嚣让地”的故事。

还有一个故事发生在陈嚣年轻的时候。一次，他到城郊外自家的湖里捕鱼，发现有人在偷鱼。偷鱼的人远远看到陈嚣就扔下鱼躲到芦苇草丛中去了。陈嚣连忙追上去，把鱼送给那个偷鱼的人，那人感到非常惭愧，怎么也不肯接受。从此以后，这个人再也不偷窃了，这个湖里也再没发生过偷鱼的事了。

【感悟】

面对别人的冒犯，陈器“糊涂”地宽恕了对方，他这一做法确实比直接的教训更有效，被他宽恕的人因他的美德而自惭形秽，最终承认了自己的错误。对那些被宽恕的人而言，这就是一次救赎，正是遇到了这样表面糊涂内心有大智慧的人，他们才会迷途知返。

试想，如果陈器像其他普通人一样，以牙还牙，与人争论不休，得理不饶人，那么，对方定不会有这样的领悟，很有可能会在迷途上越走越远。

其实，很多人都是由于难言之隐才去做坏事的，他们的本质未必有多坏。这个时候，如果你能大度地宽恕他们，给他们一个改过自新的机会，社会上的坏人也就越来越少了。

宽恕，是人类的一种美德。宽恕除了能减轻对方的痛苦，让对方迷途知返，还可以升华自己。因为当我们宽恕别人的时候，自己也会感到快乐。假如我们总是挑别人的毛病，对别人的行为不满意，那痛苦的只会是自己。

佛陀告诉我们："如果一个人的快乐，是希望从别人身上去获得，那会比一个乞丐沿门托钵更痛苦。"

快乐并不是他人给予我们的，而是自己给自己的。想要得到快乐，就不能太计较，太在意周围的一切，太在意别人的过错，那就像拿了好多条绳子绑住自己一样，完全是自讨苦吃。

佛陀告诫弟子们："比丘常带三分呆。"就是训诫弟子们要大智若愚。对别人的过错要懂得宽恕，这种"糊涂"智慧是拯救他人、解脱自己的最好的方法。

【糊涂的智慧】

宽恕他人的过错，比教训更有效。对他人不要太严厉、太苛刻，对他人的过错不能太过指责、训斥，遇事"糊涂"解决，或许效果会更佳。

感谢给你苦难的众生

在畅销书《感谢折磨你的人全集》中有这样一段话："感谢伤害你的人，因为他磨炼了你的心志；感谢绊倒你的人，因为他强化了你的双腿；感谢欺骗你的人，因为他增进了你的智慧；感谢藐视你的人，因为他觉醒了你的自尊；感谢遗弃你的人，因为他教会了你独立。"

在个人奋斗的过程中，你可能会遇到助你一臂之力的朋友，也可能会遇到有意无意刁难你的人，更可能会遇到很大的困难。当然，你会为有朋友相助而感到庆幸，但是对折磨你的人和事也不能一味仇视。

屈辱和困难，可以令一个人陷入绝望的深渊，也可以成为一个人更加努力的动力。如果你怀着感恩的心对待给你苦难的众生，就会把这些苦难化为强大的鞭策力，让你更加强烈地渴望胜利，而你的行动也会更加积极、有效。

有一位哲人说过："任何学习，都不如一个人在受到屈辱时学得迅速、深刻、持久，因为它能使人更深入地接触实际、了解社会，使个人得到提升、锻炼，从而为自己铺就一条成功之路。"

在走向成功的路途中，我们千万不要因为他人的刁难和讽刺而沮丧甚至放弃，你大可把它当作刺激你前进的动力，毫不动摇地继续向前迈进。当你获得成功之后，再回过头来看你当初受过的苦难，便会体会到它们在你成功路上的重要作用，你必定会心生感激。

很久以前，生活在古印度的人们经常面临旱灾或是水灾的侵袭，老百姓们常常没有收成，过着饥寒交迫的生活。有一位婆罗门，因为不忍看着大家受饿，于是每天清晨都到神庙里去祈求大梵天为人间免去灾难，使人们能吃饱穿暖。

也许是他的虔诚感动了大梵天，终于在一天清晨，大梵天来到了他的面前。他激动地叩拜在大梵天的脚下，并对他说："尊敬的大梵天，也许是您创造了世界，但是您毕竟不是农夫，您常常让土地干旱或洪水成灾，导致农民失去收成。现在大家都过着饥饿的日子，您怎么忍心呢？还是让我来教您点东西吧。"

大梵天听完婆罗门的话之后，并没有生气，而是很平静地对婆罗门说："那就请教我吧。"

"请您给我一年的时间，在这一年里，按照我所说的去做，我会让您看见，世界上再也不会有贫穷和饥饿了。"婆罗门说。

就这样，大梵天给了婆罗门一年的时间，并在这一年里，满足了婆罗门所有的要求。没有狂风暴雨，没有电闪雷鸣，没有任何对庄稼有危险的自然灾害发生。当婆罗门觉得该出太阳了，就会阳光普照；要是觉得该下点雨了，就会有雨滴落下来，而且想让雨停，雨就马上停，小麦的长势特别喜人。

转眼一年过去了，婆罗门看到麦子长得那么好，就又向大梵天祷告说："大梵天你瞧，要是再这么过十年，就会有足够的粮食来养活所有的人，人们就算不干活也不会饿死了。"大梵天没有回话，只是在空中对着婆罗门微笑。

终于到收割的时候了，人们兴高采烈地来到麦田。可是令婆罗门惊讶的是，当大家割下麦子时，却发现麦穗里什么都没有，空荡荡的。婆罗门惶恐极了，他又跑到神庙里去向大梵天祷告说："大梵天呀，这究竟是怎么回事呀?"

这时，大梵天又出现了，他依然微笑着对婆罗门说："那是因为小麦都过得太舒服了，没有受到任何打击。这一年里，它们没经过风吹雨打，也没受到过烈日煎熬。你帮它们避免了一切可能伤害它们的事情。没错，它们长得又高又好，但是你也看见了，麦穗里什么都结不出来……"

婆罗门无言。

【感悟】

宝剑锋从磨砺出，梅花香自苦寒来。世界是公平的，不经磨炼，就难以成才。每一次苦难，都是佛祖给的一次考验，而拒绝考验，就是在迎接平庸。苦难虽苦，却是走向成功的必经之路。正是因为有了这些苦难和给你苦难的众生，你才会变得坚强和伟大。因此，你要永远感谢给你逆境的众生。

受到磨难或者刁难时，不要愤愤不平，不要一味计较面子、自尊的问题，真正的自尊，是建立在自强的基础之上的。当你成为出类拔萃的人时，谁还会再给你屈辱呢？

感谢给你苦难的众生，感谢他们给予你锻炼自己、提升自己的机会。没有了怨恨，自然就没有了痛苦，这样当你受到打击和嘲笑时，就不会再愤恨难消，而是能够借着打击来锻炼自己的心性、品格，获得不断提升自身能力的动力。

受到刁难时，不妨将心中的怨恨转化为斗志，更加努力地生活。对那些给你苦难的众生，你也要心怀感恩，虽然他的初衷可能并非好意，可事实上却促成了你的奋发。就像太阳并非是为你而升起，而你却享受到了阳光的温暖。你要像感恩太阳一样对带给你痛苦的众生心怀感恩。这种做法虽然看似“糊涂”，但“糊涂”中蕴含着的是感恩的心。

【糊涂的智慧】

对于那些给你苦难的众生，你要理智地选择“糊涂”，感谢他，感谢他给你一个走向成功的机会。

第七章

懂包容，糊涂则心宽：成功者都有海纳百川的胸襟

荀子有云：『君子贤而能容罢，知而能容愚，博而能容浅，粹而能容杂。』人的心只有拳头那么大，可一个好人的心容得下全世界的人。懂得包容，才会拥有海纳百川的胸襟。『糊涂』者包容，包容者心宽，心宽便是成功的开始。

见人之长，容人之短

星云大师说：“人人不尽相同，外表上有高低胖瘦的不同，才有赏心悦目的人间风景；智力上有贤愚巧拙的分殊，才有趣味横生的社会百态。”世间万物，各有其貌，各有其才，故能显得缤纷多样，人亦是如此。

在佛教思想中，芸芸众生都是平等的，但是“十指伸出，各有短长”，又怎能期待所有人都有同样的外表、同样的才情呢？

人无高低贵贱之分，用谦虚、恭敬之心接纳人的一切，是包容修养的基础。面对他人的长处时，我们能做的就是学习和欣赏。但是，容人之短，尤其是容纳与你想法不同的人的缺点，则需要较大的胆识。要用谦卑、真诚、包容的心来观察他人的长处，容纳他人的不足，善于发现、培养、发挥他人的长处，求同存异、互利共赢，这样才能成就一番大事业。

纵观历史，凡是名留史册的成功人士都懂得见人之长，容人之短，他们懂得把合适的人安排在合适的位置上。

唐代陆贽说："若录长补短，则天下无不用之人；责短舍长，则天下无不弃之士。"天下人才众多，如果每个人都咬着别人的短处不放，不仅生活得很累，恐怕也不会有什么大成就，与其这样，还不如见人之长，容人之短，做个明明白白的糊涂人。

师旷，春秋时著名乐师。他生而无目，故自称盲臣、瞑臣，为晋国大夫，博学多才，尤精音乐，善弹琴，辨音力极强，以"师旷之聪"闻名于后世。

师旷不仅善于弹琴，也通晓南北方的民歌和乐器调律。据说，当他弹琴时，马儿会停止吃草，仰起头侧耳倾听；觅食的鸟儿会停止飞翔，翘首迷醉，丢失口中的食物。晋平公见师旷有如此奇才，便封其为掌乐太师。

有一次，晋平公专门请人为师旷打造了一把特殊的琴，琴上的弦不仅长短一样，甚至粗细都是一致的。琴做得非常漂亮，上面精心雕刻着各种精美的图案，还镶嵌了金石美玉。

师旷试琴时，怎么也无法弹出完整的旋律，细细地摸索琴弦之后问道："这把琴的琴弦难道是一样的？"

晋平公回答说："是啊，这样精致的琴弦，实在是世间少见啊！乐师您双眼已盲，否则一定会惊艳于这把琴的完美！"

师旷摇了摇头，表情凝重地说："大王，这您就理解错了。一把琴之所以能够弹奏出动听的音乐，正是因为上面的琴弦有短有长，有粗有细。一把琴中的大小弦各有不同的作用，大弦为主，小弦为辅，互相配合，才能弹出和谐美妙的乐曲呀！"

说完，师旷吩咐侍者拿出他的旧琴，手指在琴上划过，美妙动听的音符立即回荡空中，令人心旷神怡。

一把琴之所以能弹出美妙的旋律，是因为粗细不同的琴弦能发出不同的声音，而同样的琴弦是绝对不会有这么美妙的效果的。像晋平公一样仅为追求外表的和谐与完美而刻意求同的做法是不可取的。

《华严经》中曾说："如悬镜高堂，无心虚招，万像斯鉴，不简妍媸，以绝常无常之静心，照常无常之圆理。"世间万象的妍媸、巨微都只是表象，事物各有长短，每个人都有自己的个性和特点，我们不能拿一个人的缺点与其他人的优点相比，也不能将一个人的优点或缺点无限放大。

南宋诗人卢梅坡在《雪梅》中写道："梅须逊雪三分白，雪却输梅一段香。"各人自有所长，又有所短，这是不争的事实，不必强求统一。见人之长，容人之短，这才是成功者应该具备的聪明才智。

有一则"西邻五子食不愁"的故事，讲的是西邻有五子，但五子"各有千秋"：长子质朴，次子聪明，三子目盲，四子背驼，五子脚跛。按照常理看，这家的当家人日子很难过。可是西邻有方，日子过得不仅不差，反而很是不错。他对自己的儿子各有安排："老大质朴，正好让他务农；老二聪慧，正好让他经商；老三目盲，正好让他算命；老四背驼，正好让他搓绳；老五脚跛，正好让他纺线。"

【感悟】

正所谓"骏马能历险，犁田不如牛；坚车能载重，渡河不如舟。舍长以就短，智者难为谋。生材贵适用，慎勿名苛求"。西邻这种使人尽其才的方法正是一种见人之长，容人之短的智慧。

人在成长过程中可能会受到这样那样的影响，这就导致了每个人都有优点和缺点。如果有机会和条件，相信每个人都能找到自己的最佳位置，最大限度地发挥个人潜能，有所作为。所以，作为社会中的一员，无论你是领导者还是普通人，只要与人相处，都应该尽量宽容他人的缺点，给对方一个轻松的环境发挥他的才能。

当然，容人之短并不是无原则的，所谓能容忍的"短"，一定是"无伤大雅”的小节，如果是涉及妨碍大局的短处或者是根本的原则问题，就决不能宽容了。同时，对属于小节的短处，也不能听之任之，最好通过你的力量去为他创造条件，提供机会，帮助他改进。

其实，每个人都希望在社会上求得公平对待。要想消除偏见，就要创造一个宽容的社会，当务之急就是要根除自己狭隘的思想，学会包容，远离偏见，“糊涂”待人，用海纳百川的胸襟在人际交往中赢得成功。

【糊涂的智慧】

见人之长，容人之短，对他人的优点要善于欣赏、敢于利用，而对他人的缺点则要懂得包容、理解，如此方能做个明明白白的“糊涂”人。

至察无徒，不必事事认真

《菜根谭》有云：“地至秽者多生物，水至清者常无鱼；故君子当存含垢纳污之量，不可持好洁独行之操。”其大意是：一块土地堆满了腐草和粪便，才是能生长许多植物的好土壤；如果一条河流清澈见底，往往不会有鱼虾来繁殖。所以君子应该有容忍庸俗的气度和宽恕他人的雅量，万万不可自命清高不跟任何人来往。

《汉书》中有句话说：“水至清则无鱼，人至察则无徒。”这两句话有异曲同工之妙，无非就是告诉人们做人做事不能太苛刻，不必事事较真，否则会让自己处于孤立无援的境地。

水清本来是好事，但过于清澈的水会让鱼窒息。人清高也没有什么坏处，但是如果太自命清高，就会给人一种不敢靠近的感觉。如果为人处世太较真，就无法和周围的环境和谐相处了。

在这个世界上，每个人都是不一样的，无论是性格、行为、思想等方面都会有区别，所以他人无法在短时间内看清楚你的思想，你也无法在第一时间察觉他人在想什么，如果用自己那套标准去苛求他人，是非常不理智的。容忍、宽容在这个时候就显得尤为重要，懂得容忍一些不符合自己价值观的事物，我们看到的世界才是五彩缤纷的。

凡事看得太清楚的人无疑是聪明的，但聪明也有大聪明与小聪明之分。真正聪明、正直的人，大可不必锱铢必较，此时“糊涂”一点又有什么关系呢？只要能在大事上、原则上保持头脑清醒就行了。俗话说“大智若愚”，真正的聪明人表面愚拙糊涂，实则内心清楚明白，这是最高明的处事智慧。

一日，孔子带着一班弟子出游讲学，他们被困在一个叫郕的地方，衣食不足而一个个面有菜色，于是，孔子吩咐仲由去前面的店铺讨些吃食。

仲由便来到一家小店，向掌柜的亮明身份并说明来意。

店掌柜听后，缓缓地说：“这点小事没有问题，不过我有一个条件。”

仲由忙道：“掌柜有什么条件明示。”

掌柜说：“我写一个字，你如果读对了，我便请你们吃饭，否则，就是棉花店失火——免谈（弹）。”

仲由微微一笑说：“掌柜，我虽不才，但在老师门下也算是饱读诗书，字我还认识一些，不知店家所提何字，还请掌柜速速提来。”

掌柜拿起笔墨在纸上写了一个“真”字，问仲由这是何字。仲由没有想到掌柜写了如此简单的一个字，便说：“掌柜的，你开玩笑呢，这个字连三岁小孩都会认，我若不认识还配做孔夫子的门生吗？这不就是个‘真’字吗？”

掌柜的摇摇头，吩咐伙计打发他走。仲由愣在那里，不知何意，明明是个“真”字，难道错了吗？

仲由满脸疑惑地来到孔子跟前，把整个事情的经过都告诉了孔子，孔子想了一下笑着说："仲由，看来我要亲自去看看那个字才行，咱们一起去吧！"

孔子和仲由来到店铺前，孔子和掌柜说明来意后，掌柜依然指着那个"真"字说："请问先生这是何意？"

孔子看后笑着说："这是'直八'。"

掌柜面露喜色道："夫子果然博学多闻，在下佩服、佩服。"

掌柜立即吩咐伙计准备饭菜。仲由始终不明白其中意，他低声问道："老师，你怎么能将'真'念成'直八'呢？学生实在不明白这到底是什么意思。"

孔子笑着说："仲由啊！有些事情是认不得'真'的！"

【感悟】

《法宝坛经》有云："一切无有真，不以见于真。若见于真者，是见尽非真。"佛教中的思想是：所有一切都不是真的，你不要将不真的当真来看，若在不真之中而认它为真，则你所见也不是真的。这种玄之又玄的思想拿来解释"真"和"直八"最合适不过了。很多事情是认真不得的，凡事太较真就会像清澈见底的水一样没有半点鱼虾的生气，倒不如活得"糊涂"一点，活得洒脱，走得自如，过得轻松。

世间并无绝对的真理，而且正邪善恶交错，很多事情在人际交往这种复杂的环境下变幻莫测，"真"的不能"较真"，该聪明的只能装糊涂。一个人要想成功，就必须有恢弘的气度，能容天下的人，才能为天下人所容，那些苛刻对人或对己的人是难有大为的。

当饱尝悲欢离合、人情冷暖、得失喜乐、世事沧桑之后，你是否能看透、看淡？是否能做到不事事较真，对人对事不太过苛刻？挥一挥手让一切过去，不难为别人，便能让自己多一分自在，多一分安宁。

【糊涂的智慧】

至察无徒，不必事事认真，放弃计较、苛刻，学会宽容，学会“糊涂”，方能在凡尘世俗中得到安宁。

知容忍，方能成大器

《佛说四十二章经》云：“忍辱多力，不怀恶故，兼加安健。忍者无恶，必为人尊。”其大意就是：能够忍辱的人有大势力，因为他不怀恶心，而且安然健康。能够忍辱的人没有恶念，因此必定会被人尊敬。

古人云：“忍一时风平浪静，退一步海阔天空。”忍，是一种等待，只有忍耐，才能找到最佳的时机，实现自己的理想。这种忍，不是性格软弱，而是聪明人的一种“糊涂”智慧。

释迦牟尼佛前生为常不轻菩萨时，修一种忍耐的苦行，见人就行顶礼，口中还说：“我不敢轻视汝等，汝等皆当做佛。”有人讨厌他的行为，所以当他向别人叩头时，时常遭受打骂。

有一次，常不轻菩萨行菩萨道，向人叩头，被人踢掉两颗门牙，但是他并没有生气、灰心，而是继续叩头的苦行。由于这次经历，他以后见到人来，在远处就先叩头，还说：“我不敢轻视汝等，汝等皆当做佛。”叩完头说完话马上就走，别人想打他也追不上。

常不轻菩萨以“无我相”的精神来修福修慧。没有任何人教他这样修行，一切都是他心甘情愿的。被打被骂不生瞋恚，这就是修忍辱波罗蜜法门。

由于释迦牟尼佛在往昔修行时专修忍辱法门，所以被称为“忍辱仙人”。有一天，他无缘无故被歌利王割去四肢，可是他不生瞋恨心，反而可怜歌利王的无知，对歌利王说：“等我成佛时，第一个先度你修道。”歌利王听到后，心生忏悔，顿时皈依了忍辱仙人，他就是后来的憍陈如尊者（五比丘之一）。

释迦牟尼佛无论怎样的苦难和羞辱都能忍，所以后来成为了人们顶礼膜拜的佛教教祖。他的忍耐不仅可以提高自己的修行，而且还能感化世人，这种宽容比任何一种劝诫更有力度。

在世俗生活中，“忍”是众多有志之士的人生哲学。俗话说，“男子汉大丈夫，能伸能屈”，“识时务者为俊杰也”。一个人只有忍得住千苦万难，经得住岁月的考验，才能成大器。

日本的白隐禅师一个人过着平静、随和的生活，人们都说他为人纯洁，心地善良。

有一次，白隐禅师住所附近的一个女孩未婚先孕了。她的父母知道后非常生气，逼着让她说出孩子的父亲是谁，并且口出恶言要惩罚那个人。女孩死活也不肯说，在父母的逼迫下，她撒谎说孩子的父亲是白隐禅师。

女孩的父母怒火中烧，前去找白隐理论，说：“平日里看你是一个品德高尚的人，没想到背地里竟然干出这样的事来，既然做了，就要承认，收留自己的孩子。”白隐只说了一句话：“是这样的吗?”然后就答应收留那个孩子。

孩子出生后，白隐负责照顾她。他从邻居那里得到了孩子所需要的一切东西，尽自己最大的努力来照顾孩子，完全不管他人的眼光。邻居都尽全力来帮助他。人们虽不相信他是这样的人，但还是会有闲言碎语。

转眼一年过去了，孩子的母亲因为难以忍受对孩子的思念之苦，就将真相告诉了她的父母——原来孩子真正的父亲是一个贫寒的年轻人，他们相爱已有多年，因为害怕父母不承认这个女婿，所以就私定终身。事情发生后，女孩出于害怕只能对父母撒谎，说孩子的父亲是白隐。女孩的父母知道真相后，痛斥女儿不该说这样的假话毁坏白隐禅师的声誉。他们找到白隐禅师，把真相告诉他，向他表示深深的歉意，请求他的宽恕，然后把孩子带回去。

白隐禅师把孩子送还给他们，说："是这样的吗？"

看到孩子长得白白胖胖的，甚是可爱，一家人感激不尽，此后，到处传扬禅师的品德。

从此，白隐禅师成了当地最受人尊敬的人。

【感悟】

面对女孩无故的毁誉、众人的误解和照顾小孩的艰辛，白隐禅师却只用一句"是这样的吗？"轻轻带过，这样的忍辱，一般人是做不到的。正是他的这份忍辱和宽容，使得他深受人们的尊敬。

《尚书·君陈》有云："有忍，其乃有济；有容，德乃大。"有忍耐精神，所做之事才能成功；有忍让宽容的胸怀，德行才能广大。在世俗生活中，我们常常会听到别人对自己的毁谤，或颠倒是非，或无中生有。如果你看得淡一点，不去计较，那也没事，但如果你去争辩、报复，可能事情就会越闹越大。所以，面对毁谤，我们要尽量冷静，不能因别人的过错而让自己跟着错。遇到这样的情况，最好是像白隐禅师一样知容忍、懂包容，才不会让别人破坏了自己的"修行"。

"一忍，可以制百勇，一静，可以制百动。"一个人心胸宽广，能无所不包、无所不容，那就无事不能成、无功不可就了。纵观古今中外的成功人士，都有超过常人的修养，更有着忍耐一切、包容一切的能力，这便是成功的基础。所谓大肚能容、忍辱负重，并不是天生的懦弱，相反的，这正是一个做大事者的"糊涂"智慧。

孟子说："天将降大任于斯人也，必先苦其心志，劳其筋骨，饿其体肤，空乏其身。"能在各种困境中忍受屈辱是一种能力，而能够在艰苦的环境下忍辱负重更是一种本领。小不忍则乱大谋，知容忍，方能成大器。

【糊涂的智慧】

如果有远大的理想，暂时又不能改变现状的话，唯一可行的办法就是忍耐了，忍耐艰苦的磨炼，忍耐世俗的压迫和伤害，把挫折当作经验，韬光养晦，积蓄能量，等待时机再成正果。

海纳百川，有容乃大

有一副对联："海纳百川，有容乃大；壁立千仞，无欲则刚。"寓意为人要有像大海一样能容纳无数江河的胸襟，以容纳和融合来形成超常大气。高山之所以巍峨万丈，是因为它没有拒绝任何一块不显眼的小石子；大海之所以浩瀚无边，是因为它没有拒绝任何一滴似乎毫无作用的水。

纵观古今中外的成功人士，大多数都有着"海纳百川"的心胸，这是一种不计较、懂包容的品德，对他人的优点缺点统统接受，说到底也就是一种"糊涂"的处世之道，正是这份"糊涂"让他们走向成功，名留史册。如果缺少了这份"糊涂"，心胸狭隘，对人对事处处计较、百般刁难，断不会有锦绣前程。

海纳百川，既能容纳清净的川流，又能容纳污秽的水。一个人，既要包容善的，又要包容不善的；既要包容自己，又要包容别人，还要包容世界，如此一来才能做到"有容乃大"。

孔子语："宽则得众。"佛经云："一念境转。"面对他人的过错，如果耿耿于怀，睚眦必报，只会给双方带来沉重的心灵负累。与其让仇恨折磨心灵，不如以包容之心救赎一颗自责的心，获得一份坦然。

前苏联教育家苏霍姆林斯基的至理名言是："有时包容引起的道德震动比惩罚更强烈。"很多事实早已证明了这一点。包容并非包庇别人的错误，也不是纵容别人去犯错，而是给对方机会去改正错误或者弥补过失。

唐朝名将娄师德，以气量超人著称。在勾心斗角、尔虞我诈的官场中，他竟然能安之若素、举重若轻，从政几十年没有一个政敌，不能不说是一个奇迹。就连千古一"雌"的武则天也十分钦佩他的为人。

娄师德面对别人的辱骂时，总是装着没有听到。有人转告他，他却说："恐怕是骂别人吧！"那人又说："我听到他指明是骂你！"他说："天下难道没有同姓同名的人？"还有人为他打抱不平，替他说话，他却说："他们骂我而你叙述，等于再骂我一次，我真不想劳您来告诉我。"

娄师德是个身体肥胖的人，走起路来行动缓慢。有一天入朝时，同行的人说他："好似老农田舍翁！"娄师德却笑着说："我不当田舍翁，谁当呢？"

娄师德还有一个非常经典的故事：武则天时期，有一个地方发生了叛乱，武则天命令娄师德的弟弟前去安抚。弟弟临行前，娄师德嘱咐再三，叫弟弟出门在外脾气要好，要有容人的雅量。弟弟应承道："即便有人唾沫吐到我的脸上，我擦掉就是。"娄师德大惊失色，急切说道："万万不可，这正是我担心的。吐即气愤，你竟敢擦去，岂不更恼？还是让它自己干吧。""唾面自干"这个成语正是由此而来。

这般隐忍克制的人，怎能不流芳千古呢？

【感悟】

娄师德的"糊涂"智慧是非常高深的，尤其是他那"唾面自干"的隐忍和宽容，比起耶稣基督的“打你左脸，也将右脸给他打”有过之而无不及。他海纳百川的胸怀，使得自己在官场上游刃有余、平步青云。

海有宽阔的胸怀，还因为他的深沉与宁静。千百年来，大海始终沉默无语，从不执着计较于一失一得，从不炫耀自己的博大和富有，从不在意他人的褒扬与针砭，波澜壮阔，一如既往。

而尘俗中人，为什么会有愚昧，为什么会有怨恨，为什么感到人生的道路越走越艰难？就是因为人们对现实中的人和事有种种计较和偏见。只要能放下心来，便是博大。如果一个人能放下所有的烦躁和固执，不计较，不忧虑，不贪婪，那么他就会像大海那样包罗万象，成就自己的伟大。

【糊涂的智慧】

海纳百川，有容乃大，要想成就一番事业或者练就一种至高的境界，就应该懂得适当的“糊涂”，包容一切，原谅一切，像佛陀一样大肚能容。

糊涂看人：每个人都是缺角的杯子

《周易》中说：“坤厚载物，德合无疆。含弘光大，品物咸亨。”这句话的意思是：大地的厚重可以承载万物，与万物共享德行，大地是宽阔无疆的。大地无所不包，无所不有。蕴藏美好，自然光大，万物皆是亨通的、顺利的。大地的宽厚和包罗万象正是智者学习的榜样，正所谓“唯宽，可以容人；唯厚，可以载物”，有这般包容心胸的人注定会成功。

但要做到如此包容并非易事。每个人都倾向于注意他人身上的缺点，而过分注重自己的优点，这样一来难免自视甚高，却把别人看得低了，也就难以做到真正的包容他人。糊涂的智慧正在于此：不要计较别人的瑕疵，苛求他应多么完美，因为世上既没有完美的东西，也没有完美的人——每个人都是缺角的杯子。

有一天，徒弟问禅师："世上真有完人吗？"

禅师笑而不答，随后从身旁的茶几上端起一只茶杯，递给面前的弟子，反问道："你看这只杯子与别的有何不同？"

弟子端详了一番，答道："这只杯子缺了一角。"

听完后，禅师解释道："其实，除了那微小的一角之外，整个杯口不都是圆的吗？这正如每个人都有缺点，若不去计较缺点，那么这个人就是很好的人了。"

"每个人都是缺角的杯子"，这个"缺角"就是指人的缺点。

清代名士张潮说："花不可以无蝶，山不可以无泉，石不可以无苔，水不可以无藻，乔木不可以无藤萝，人不可以无癖。"这里的"癖"即指人的缺点，没有缺点的人是不存在的，我们一定要正视人的缺点。其实，人有缺点并不一定是坏事，"上帝为你关闭了一扇门，就一定会给你打开一扇窗"，或许，一个人虽然在某方面欠缺，但很可能在另一方面会更加优秀。

佛经上说："心包太虚。"只要心能包容，就可以拥有三千世界；反之，排斥愈多，失去的也愈多。每个人都有缺点，但这并不足以否定一个人该有的价值。所以，人要尽量包容他人的缺点，遇到问题时多从自己身上找原因。

一位女士养了一只鹦鹉，非常美丽，但它却有一个毛病，常常咳嗽，而且声音浑浊难听，喉咙里好像堵满了痰。女主人带它去看兽医，不料检查结果出来，鹦鹉完全健康。问题出在女主人身上，因为她抽烟，经常咳嗽，这只鹦鹉只是把主人的声音模仿得以假乱真罢了。女主人若有所悟，立即戒烟了。

这样的事情在现实生活中屡屡发生，很多时候并不是别人做得不好，问题其实就出在自己身上。在与人交往时，我们更多的应该是认清楚自己的缺点和别人的优点，而不是一味地计较别人的缺点。至于如何正确对待他人的缺点，我们不妨换位思考一下：如果你能容忍自己的缺点，就不要牢牢抓住别人的缺点。

人无完人，一个人不可能尽善尽美，我们没有理由也没有办法去要求别人完美无缺，因为我们自己并不曾做到。所以，我们要学会包容，懂得包容。唯有这样，我们看到的世界才是美好的。

春秋时期，齐国有一对很要好的朋友，一个叫管仲，一个叫鲍叔牙。

年轻的时候，两人曾经合伙做过生意，因为管仲家里很穷，所以本钱几乎都是鲍叔牙拿出来的，可是，分利的时候，管仲却拿得比鲍叔牙还多，鲍叔牙的仆人有些不满："这个管仲真奇怪，本钱拿得比我们主人少，分钱的时候却拿得比我们主人还多！"

鲍叔牙却对仆人说："不可以这么说！管仲家里穷，又有母亲要奉养，多拿一点也是应该的。"

管仲曾三次被拉去当兵参战，但每次进攻的时候，管仲都躲在最后面，大家就骂管仲是贪生怕死之徒。鲍叔牙马上替他说话："管仲不是怕死，他得留着他的命去照顾老母亲呀！"

管仲听到之后说："生我的是父母，了解我的人可是鲍叔牙呀！"

后来，齐国的国王死掉了，鲍叔牙当了公子小白的谋士，管仲却为公子纠效力。不久，大王子诸被人杀死，齐国发生了内乱，管仲想杀掉小白，让公子纠能顺利当上国王，可惜在暗算小白的时候，把箭射偏了。小白不但没死，还和鲍叔牙比公子纠早回到齐国，继承了王位，史称齐桓公。

齐桓公登位后，一直想要杀掉管仲以报一箭之仇，但在鲍叔牙的极力劝阻下放弃了这个念头。后来，齐桓公决定封鲍叔牙为宰相，鲍叔牙却大力向齐桓公推荐管仲。他说：“管仲各方面都比我强，他当宰相更合适。”

齐桓公不满地说：“管仲要杀我，是我的仇人，你居然叫我请他来当宰相！”

鲍叔牙却说：“这不能怪他，他也是忠于他的主人公子纠才会这么做的！”

齐桓公听了鲍叔牙的话，请管仲来当宰相。最后，就如鲍叔牙所言，管仲在宰相一位上充分展现了自己的才华，帮助齐桓公成就了春秋霸业。后人也把“管鲍之交”当成了知心朋友的代名词。

【感悟】

当所有人都对管仲愤愤不平的时候，鲍叔牙却能包容他的缺点，看到他的优点，并想尽办法让他发挥优势，实现自己的价值。知音难觅，这样的朋友确实很难得。

我们不可能要求每个人都完美，但并非每个人都一无是处。事业的成功往往是基于他的优点而非缺点，所以，对别人的缺点要尽量包容。包容可以让人有空间改过，指责和批评不但不会让人改过，而且只会让对方难堪，对自己失去信心，心态不好的人还会对你怀恨在心。

我们在与人相处中，要懂得聪明的“糊涂”，对别人的缺点要有包容的雅量，正所谓“严于律己，宽以待人”，强行要求别人改正缺点，是最难让别人接受的一种方式。

包容的本质就是相信，相信他会更好。你要做的就是给他时间和空间，还有足够的包容，这也算是给他一种鼓励，而鼓励比指责更容易令人改变。如此“糊涂”行事，得到的效果将是惊人的。

【糊涂的智慧】

每个人都是缺角的杯子，自己也不例外，所以，包容他人也就是善待自己。多些包容，对别人的缺点不必太严格、苛求，这般“糊涂”待人才能心宽。

学会糊涂，怨恨也会烟消云散

在生活中，相信许多人都会遇见一些令自己伤心、痛苦、愤怒的事情，或是来自亲人、朋友、爱人、同事的伤害，伤害的程度也或深或浅。很多时候，我们都会为这些心生怨念，委屈不甘，陷入深深的怨恨之中不能自拔，甚至想到报复对方。

但是，回过头来想想，这些伤害我们的人不就是陪伴我们一生的人吗？如果常常对身边的人生怨、结恨，那该是一件多么痛苦的事情啊！

其实，无论是什么人，对你造成了什么样的伤害，只有宽容，才能不让这些伤害真正伤到你。比如别人对你的谩骂和侮辱，如果你不接受，那么自然就不会伤害到你。一样的道理，对于他人对你的伤害，如果你报以宽容的态度，原谅他的过错，那么怨恨就会烟消云散。

这便是一种“糊涂”的处事之道：用糊涂来面对别人给予的伤害。在这里，“糊涂”仍是一种高明的智慧，让人与人之间的怨恨在无形中消除，从而营造和谐的人际关系。

有一户人家养了一只母鸡，每天只要母鸡一下蛋，这家的女主人都会在第一时间把蛋拿走吃掉。为此，这只母鸡非常生气，它发誓生生世世，只要有机会就要报复女主人，为自己的孩子报仇。

第二世，母鸡转世为一只猫，而它前世的女主人则托生为一只鸡。母鸡这时有机会复仇了，于是鸡还没长大，就被猫吃掉了。

第三世，那只猫投生为一头鹿，而被吃掉的鸡转世为一只豹。这一世，豹子为了报前世之仇，便毫不犹豫地吃掉了鹿。就这样，它们世世代代都在复仇，并且一直持续了五百世。

第五百零一世，当初的女主人又轮回为一个妇人，而当初的母鸡投生成了母夜叉。这个时候，她们经历了五百世的争斗，冤仇越积越深了，两人只要一碰面，必定是你死我活的。

一天，妇人带着自己的孩子到河边去洗澡，不料母夜叉就在附近，妇人发现之后就抱着孩子逃命。无意中，她闯进了佛陀修行的孤独园，于是她请求佛陀救救自己和孩子。母夜叉虽追到孤独园，但是碍于身份进不去。

佛陀知道她们积怨已深，如果这样生生世世互相报复，便永无平息之日，于是决定帮助她们化解这段宿怨。

佛陀把母夜叉请进孤独园，妇人害怕地把孩子紧紧搂在怀里。

佛陀说："你们俩的宿怨已经持续了五百世，是该平息了，这样持续下去生生世世都不能过安稳的日子。不如彼此放下仇恨，用慈爱的心去包容对方曾经犯下的错误。"

她们俩听完佛陀的话，心里都平息了很多，长久这样下去确实很累，是该放下的时候了。

佛陀见状，便对妇人说："你把你的孩子交给母夜叉。"

妇人心里虽有些担心，但是出于对佛陀的信任，她还是照做了。夜叉接过孩子很开心，感觉就像看到了自己的孩子，非常亲切。从此，两人的冤仇一笔勾销了。

【感悟】

如果不懂得理解和包容，就会像故事中的妇人和母夜叉一样，兜兜转转五百世依然被仇恨缠身，无法摆脱。这样是不可能获得快乐的。怨恨会使人心变得狭隘、丑恶，也会使你的人生变为悲剧。只有放下怨恨，用理解和宽恕的心去对待人和事，才能感受到生而在世的爱和温情。

在生活中，当彼此有仇怨的时候，我们需要宽容，也就是原谅别人对你的伤害。原谅别人不是一件容易的事，别人一句无心的话语，一个微不足道的小错误，都会让人牢牢记住，耿耿于怀。而人总是轻而易举就原谅了自己，做错了事或许刚开始会悔恨、自责，但不久便会找出种种理由来为自己开脱，对自己的过失总能无尽地宽容。

说到底，原谅还是很简单的，对自己要求高一点，对他人要求尽量放低，做好自己的本分，少责备别人，多一分宽容。

当我们原谅了别人的过错时，就是解开了心锁，释放了自己！

如果你任怨恨在心中蔓延生长，它就会像荒芜花园里的杂草，四处丛生，并且会慢慢吞噬你心中美丽的花朵，让你的生命从此笼罩着阴霾。唯有放下了、抛开了、宽容了那些曾给你带来伤害的人，让曾经的伤痛永远留在昨天，才能让所有蒙蔽心灵的乌云隐退，让所有的怨恨烟消云散。

孟子说：“爱人者，人恒爱之；敬人者，人恒敬之。”在与人相处时，怨恨不会换来他人的尊敬，所以我们不要看别人待我们如何，而要看我们如何待人。糊涂一些，不计仇怨，才会双方友爱。有了这种糊涂的智慧，就有了宽容的气度，我们的人格才会更加高尚。只要人人都能糊涂一些，人与人之间的交流就会变得更加简单、轻松。

【糊涂的智慧】

学会糊涂地看待怨恨，怨恨也会烟消云散。与其让怨恨折磨自己的心灵，不如“糊涂”应对，不去计较他人过失，让宽容打败怨恨，从而在伤痛中领略智慧的光芒。

糊涂一些才能容下难容之事

佛曰：“肚量如同藏金库，量大福大不可量。天包万象天宽大，地藏万物地无疆。别人有错我无恙，学些包容世间玩。眼闭即将归山去，人间却莫留分怨。”大度能容，表明你有大海般的胸怀，虚怀若谷。别人的一切过错都要学会包容，人生苦短，切莫留下怨恨。

弥勒佛特别塑造布袋和尚的像，大肚皮代表有容量，对待一切是非善恶统统能包容，对待任何一个人都欢欢喜喜。佛学最讲究的就是要把心量拓开，要能够忍辱，要能够包容，要能够饶恕别人，不跟人计较。尘世间，众生相处必有摩擦，有怨恨，当产生摩擦、怨恨的时候，我们应看淡别人的过错，看淡别人对自己的伤害，像弥勒佛一样“大肚能容”，做俗尘中的仙人。

如果我们一味抓住别人的过错不放，不但不能解决问题，还会挫败对方的自尊心，甚至使其萎靡不振。如果我们能宽容别人的过错，就会令其改过自新，并能怀着一颗感激的心，在以后的生活中有所突破。

心胸有多大，修行就有多深。包容有多少，心境就会有多宽广。包容是一种可贵的美德，懂得包容他人缺点的人，必定会有美好的未来。

唐朝开元年间有位梦窗禅师，德高望重，并且还做了一朝的国师。

有一次，他搭船渡河。他们的船刚刚离岸，远处来了一位骑马佩刀的将军，大声喊道：“等一等，等一等，载我过去。”他边朝河边喊边把马拴在岸边，拿了鞭子迅速朝小船走来。

船上的人表示反对：“船已经开了，不能回头了，干脆让他等下一班吧。”

船夫也大声喊道：“请等下一班吧。”将军非常失望，焦急万分的他在水边团团转。

这时，坐在船头的梦窗禅师对船夫说道：“船家，这船才刚刚离岸，你不妨行个方便，掉过船头载他过河吧。”船家一看，原来开口求情的是位气度不凡的出家大师，就把船开了回去，让那位将军上了船。

将军上了船后，环顾四周，没有一个空位。他看到船头坐着梦窗禅师，拿起鞭子就打，嘴里还粗野地骂道：“老和尚，快走开。没看见你大爷上船了吗？快把座位让给我。”这一鞭正好打在了梦窗禅师的头上，他顿时头破血流。禅师一言不发，起身给那位将军让了座。

看到这一切，大家心里又怕又怒，怕的是将军的蛮横，怒的是将军的忘恩负义。大家都在窃窃私语，而从大家的议论声中，将军明白了一切。他心里非常惭愧，也埋怨自己的蛮横，但身为将军的他向来高傲，不好意思当场认错。

不一会儿，船靠岸了，大家纷纷下了船。梦窗禅师默默地走到水边，洗掉了脸上的血污。那位将军走向梦窗禅师，跪在他面前，忏悔道：“禅师，我真对不起您！”

不料，梦窗禅师不仅没有生气，反而心平气和地说：“不要紧，出门在外，难免心情不好。”

【感悟】

明明是将军出于骄横之气动手打了自己，梦窗禅师却以“出门在外，难免心情不好”为由为军官开脱，这种度量确实常人难及。正因为这样，禅师才能得到人们的尊敬。看来，糊涂不仅是人际交往的智慧，更是修身的智慧。只有糊涂，才能容下常人难容之事，甚至坦然面对以怨报德的人，从而展现自身非凡的人格魅力。

古人云：“心体澄彻，常在明镜止水之中，则天下自无可厌之事；意气平和，赏在丽日风光之内，则天下自无可恶之人。”人生在世，如果我们能给别人多一点宽容、理解和尊重，那么，世界上就会少一些猜疑和怨恨，人与人之间的相处也会简单、和谐。

【糊涂的智慧】

大肚能容，容天下难容之事；慈颜常笑，笑天下可笑之人。对别人宽容、豁达，也就是在善待自己、提升自己。糊涂不只是齐家治国之术，也是修身之道。看得开，放得下，对别人的过错不计较，方能大度地容纳天下。

第八章

惜缘祉，聚散一念间：和谐家庭不必事事洞明

前世修得千年缘，今生聚散一念间。于千万人之中，恰好你们走进了彼此的生活，这是一种缘分；于千万家庭之中，恰好你们走进了一家门，这也是一种缘分。缘分难求，应该珍惜彼此的情感，宽容待人；生活难缠，不必事事洞明，『糊涂』处事。

糊涂是维持夫妻关系的法宝

俗话说："十年修得同船渡，百年修得共枕眠。"两个人能够从相识、相知、相恋到最后组建家庭，是非常难能可贵的。这份来之不易的恋爱果实，最需要的就是夫妻双方的珍惜。结婚之后，生活可能会渐渐归于平淡，只剩下柴米油盐酱醋茶了，这个时候，夫妻之间可能缺乏激情、浪漫等色彩，如何更好地维持夫妻关系就成了首要的家庭课题。

夫妻关系的维护是一门极大的学问，如果掌握得不好，双方的关系就会陷入危险境地，甚至会威胁到双方的感情。夫妻在一起生活，难免会遭遇到很多琐碎和令人烦扰的事情。这时，学会睁一只眼闭一只眼，懂得糊涂，多关注对方的优点和长处，多体贴和体谅对方的难处，以一颗宽大的心去面对和接受对方，便是让婚姻之树常青的最好办法。否则，夫妻关系就会像一座活火山，随时都有可能喷发出危险的怒火。

糊涂之道是维持夫妻关系的重要法宝。所谓的糊涂之道，指的是夫妻双方在相处的过程中，要懂得宽容对方，体谅对方，要给予对方足够的自由和空间，不能因为一些琐事而斤斤计较、处处抱怨或为难。

有这样一对夫妻，丈夫是个公务员，平时喜欢动笔杆子写点东西，或捧着一本书读得津津有味；妻子是一家公司的普通职员，业余时间喜欢去舞厅跳舞。

起初，丈夫在妻子的强烈要求下陪她去舞厅，但那种灯红酒绿的场合令他眩晕。他几次三番劝导妻子不要再去那种地方，妻子却反驳道："如果我不让你看书、写作，你会怎样呢?"

丈夫哑口无言。丈夫觉得妻子的理由是不合理的：读书写字，乃文人雅趣，格调高雅，能陶冶人的情操，而幽暗的舞厅里鱼龙混杂，去舞厅根本就不能和读书吟诗这样的雅事相比。

以前，家里的所有经济收入都由妻子来保管，丈夫在劝妻子戒舞失败后，决心"架空"妻子的财政地位。起初，他不再将自己的工资交给妻子，以为单凭妻子微薄的薪水一定供不起她每日去舞厅、换舞鞋以及购买高档化妆品，结果，妻子依然过得很开心，把自己所有的薪水都花在了跳舞上。无奈，丈夫只能另辟蹊径。

丈夫这次提出了分居，他从妻子的屋中搬了出来，每日和妻子"横眉冷对"，并且将所有家务都分得一清二楚，列出清单放到妻子的床头。做饭、洗衣、带孩子等都由妻子来做，自己却连洗碗这样的小事也不做。

至于经济上，他不但不交出自己的工资，还到妻子的单位，利用他的特殊身份，将妻子的工资事先领走。妻子找他理论，他却振振有词："以前家中所有的财务都由你来管理，我说过什么吗?现在由我来管，有什么不可以?"妻子一时无言以对。

于是，妻子也采取"冷战"政策：不给丈夫洗衣服、做饭，丈夫的东西全被扔到他自己的房间里，孩子每人带一天。

两人就这样僵持着，谁也不肯退让一步，整个家被分为了"楚河汉界"。

后来，妻子辞掉了工作，自己租了个柜台做起了服装生意。由于她眼光敏锐，有胆有识，竟然也干得有声有色，不久便开了一家时装店，生意红红火火，财源滚滚而来。家的名存实亡，在她的心中留下了很深的阴影，她决定提出离婚。丈夫起初不同意，并以孩子需要一个完整的家为借口，试图留住妻子，但妻子去意已决，毫不动摇。

妻子悲伤地说道："我们现在这样生活与离了婚有什么区别？不同吃，不同住，一切生活互不干涉，完全就是两个陌生人，现在缺的只是那一纸离婚证书。"丈夫冷静地想了又想，觉得妻子说的确实有道理，便同意了。当初相爱发誓要白头偕老的两个人就这样散了，孩子也终究失去了一个完整的家。

【感悟】

由于双方意见不合，彼此互不低头，导致了这个家庭走向了真正的破裂。如果丈夫和妻子任何一方稍作妥协，"糊涂"一点，不用这种"各自为政"的冷战来处理问题，而是以"润物细无声"的春雨般的柔情去感化对方，影响对方的行为，可能最终的结果又会是另外一番景象。

无论是男人还是女人，在家庭中，学不会装聋作哑和将就，也就不会有快乐。每个结婚的人都应该体验过婚前那一段甜蜜美好的爱恋，但最终还是不得不面对世俗的生活。无论多么理想的婚姻，当事人都不可能将最初的激情进行到底。婚后的男人女人们必须让自己变得糊涂一点。做不到这一点，就会徒增烦恼，甚至由细小的生活挫折演变为对彼此情感的怀疑，这样就难保夫妻关系永存了。

【糊涂的智慧】

在维持夫妻关系的过程中，不妨糊涂一些，不要计较太多，不要给对方设置太多的羁绊。如果把所有事情都分得一清二楚，那么即使再亲密的爱人，也会有矛盾爆发的那一刻。

爱的细节里多些宽容

有人说："细节打败爱情。"在生活中，可能有人忘记了结婚纪念日而让对方耿耿于怀，可能有人对对方的改变不置一词而让对方感觉到被忽略，可能有人因对方毫不留情地拆穿一句小小的谎言让对方无地自容……这种种细节，都有可能导致对方在心中留下对婚姻不美满的定义，这就是所谓的细节打败爱情。

这样的细节几乎充斥着整个家庭生活，如果不能处理好这些细节，婚姻便会像"千里之堤毁于蚁穴"般坍塌。而要处理好细节，最好的办法就是宽容。谁都会有粗心的时候，谁都有可能撒谎，谁都会有不开心的时候，这些并不是婚姻中致命的缺点，只要彼此体谅、彼此宽容，这些都不足以影响到婚姻的本质。

生活中不是缺少爱，而是缺少对爱的发现。爱就隐藏在细节中，需要慢慢品味。夫妻之间在对待一些细节问题时，糊涂一些比较好，它能避免不少误会，给双方一定的空间来冷静思考，从而找出解决问题的最佳途径，不至于伤害到彼此的感情。

在一次争吵之后，夫妻二人决定坐下来好好谈谈。

妻子说："你有多久没回家吃晚饭了？"

丈夫说："你有多久没起床做早饭了？"

妻子说："你不回家陪我吃晚饭，我一个人多难过啊。"

丈夫说："你不给我做早饭吃，你知道上午工作时我多没精神。上司经常为这事批评我。"

“早饭你可以自己弄的啊，每天回来那么晚，吵得我根本睡不着，早上怎么能起得来？你可以不回来陪我吃晚饭，我就可以不给你做早饭。”妻子不高兴地说。

“你知道我一天上班有多辛苦，压力有多大吗？自己吃晚饭怎么了？难道你还是孩子，要我喂你不成?”丈夫也没有好气地说。

妻子抱怨说：“你总是喝得烂醉而归，有多久没有给我买花，多久没有帮我做家务了?”

丈夫也不甘示弱地说：“你知道你做的饭有多难吃，洗的衣服也不是很干净，花钱像流水，有多久没有去看我的父母了……”

就这样，夫妻二人互相数落着，谁也不让步，最后竟提出要去领离婚证。

在去街道办事处的路上，他们遇见了一对白发苍苍的老夫妇，两人正相互搀扶慢慢走着，老公公手里提着一大兜菜，老妇人时不时帮老公公擦汗。这对年轻夫妇看到这个情景，想起了结婚时的誓言：“执子之手，与子偕老。休戚与共，相互包容。”可是如今却闹到了这种地步。

于是他们开始互相检讨。

丈夫说：“亲爱的，是我不好，工作太忙，常常应酬，并不是忽略你啊。”

妻子不好意思地说：“老公，我也不对，知道你工作辛苦，早上还不给你做饭。”

“早饭我可以自己做，每天回家那么晚一定吵你睡不好觉，女人一定要注意睡眠的。”丈夫忙说，“刚才在家我不该和你争吵，是我自己毛病太多了……”

妻子也忙检讨自己……

就这样，这场离婚风波平息了。从这之后，夫妻两个都变得温柔体贴起来，彼此宽容忍让，更多地为对方着想，也尽量多付出而不是索取。

【感悟】

其实，导致婚姻失败、爱情终结的往往都不是什么大事，而是一些日常琐碎小事。埋怨只能让彼此疏远，让爱情更早地被葬送。只有宽容才能让彼此互相交流、融洽，让感情维系长久。

在日常的生活中，要多多宽容对方，在细节中给予对方更多的关心和体贴，不要揪住鸡毛蒜皮的小事不放，你会发现婚姻生活更美好了，爱情也更牢固了。比如，面对妻子的牢骚，丈夫就不能“一触即发”地反驳，而要有“宰相肚里能撑船”的度量，包容妻子的抱怨，通过其他方法让妻子消气，确保家庭不会像“战场”一样狼烟四起。

婚姻的成功与否其实受很多因素的影响，我们要有付出的能力、理解的能力、宽容的能力和自我承担的能力。只有付出情感才能得到回报，只有理解和宽容才能使双方的情感不随时间而衰退，只有自我承担才能不让对方失去安全感。这些能力是一种“糊涂”的智慧，有了这些能力，婚姻就没有不幸福的道理。

【糊涂的智慧】

生活中的细节处处都隐藏着爱的力量，面对细节，我们要“糊涂”处理，宽容对待，让双方的感情在爱的细节里不断增长，逐渐牢固。

清官难断家务事

“清官难断家务事”是一句从古至今口口相传了约七百多年的民间俗语。明代著名小说家冯梦龙在其作品《古今小说·滕大尹鬼断家私》中，清代大文学家曹雪芹在其鸿篇巨著《红楼梦》中都曾用“常言道”“俗语说”引用过此语。由此可见家务事的复杂性和家庭生活矛盾的普遍性。然而，无论有多复杂，这都是我们每个人必须要经历的，而且是我们一生下来就一直在学习的一种哲学。

在一个家庭中，每个人做每件事都有自己的道理、角度和思维方式。思想不同，就容易产生矛盾，要想家庭和睦，最好的办法就是放低对别人的要求，放下“以我为中心”的思想，去理解别人。理解别人为什么要这样，我们就能从中找到解决问题的突破口，化解彼此的矛盾。

宋朝年间，有一位叫赵秉公的县令，他勤政廉洁，断案公平，颇有政声，当地百姓都称颂他为“清官”。

一次，赵秉公的一位同窗好友来访，对他说：“你断刑律命案很有一套，对民事家务是否也能断？”赵秉公说：“这有何难，不妨一试！”同窗向他介绍说：“我家乡有一张姓老汉，他家有两个儿子，生活过得还算富裕。后来，两个儿子都娶妻生子，成为多口之家。时间一长，因家务事两个儿子都想分家另过。开始张老汉不同意，可他们总是闹别扭，后来老汉想通了，分就分吧。张家有宅院两处，田地二十亩，你来断断这家怎么分。”

赵秉公说：“这还不好分？二一添作五。两个儿子一人一宅院，一人十亩田地。”

“可是这样分不尽合理。因为大儿子家有三子，都已经成人，二儿子家有一子，尚未成人。大儿子家人多，二儿子家人少，这样分岂不偏向二儿子？”

赵秉公听了后说：“是啊，不孝有三，无后为大，都是老汉的孙子，那就按儿子分宅院，按孙子人数分地，一人五亩，老大得十五亩，老二得五亩。”

“这样分配仍不尽合理。地都分了，宅院也分了，老汉却没有地方住了。要知道百善孝为先啊！老汉什么都没有，这不是不孝吗？"

"照此来说，国人一向讲究四世同堂，五世其昌，团团圆圆，干脆还是不分为好啊！"赵秉公答道。

同窗说："刚才我问了三问，你断了三个结果，那么你认为哪个结果算断得公正呢？这还没完。一年之后，二儿子得病死了，二儿媳守着一个十几岁的孩子过日子十分艰难，有了再嫁之意。可张老汉坚决不同意，你说该不该嫁？"

"女子在家从父，出嫁从夫，夫亡从子。按'三从'来说，不应改嫁。"赵秉公又答道。

"可是，前朝和当朝的公主，寡后尚可改嫁，为什么一农妇反而不可呢？这样断案公正吗？"

赵秉公一时回答不上来了。这位同窗说："都说你是个清官，可见清官也难断家务事啊！"

"清官难断家务事"这句俗语就这样流传了下来。现在人们常用它来比喻外人很难搞清楚家庭纠纷，无从断言谁是谁非。其实，每个人都有自己的理由，站在任何一个人的角度考虑这个问题，都是合情合理的，然而，换一个人看，事情就会不公平，心中也难以平衡。

对于清官都无能为力的"家务事"，说到底，还是要家庭成员自己来解决。家人之间的相处最难就难在理解，当然，最终的解决方法也只有理解。理解就是多站在对方的角度来看问题，多考虑对方的立场和难处，多一些宽容。

在圣诞节前一天，一位母亲带着5岁的儿子上街去买礼物。大街上回响着圣诞赞歌，橱窗里装饰着彩灯，可爱的小精灵载歌载舞，商店里五光十色的玩具应有尽有。

"宝宝，看，多漂亮的圣诞夜景啊！"母亲对儿子说道，然而儿子却紧紧抓住她的衣角，不合时宜地哭起来。

“怎么了？宝贝，要是总哭个没完，咱们今天就收不到圣诞老人的礼物了！”

“我……我的鞋带开了……”

母亲只好在人行道上蹲下身来，为儿子系好鞋带。当母亲无意中抬起头来，发现这个世界完全没有那么美好——没有绚丽的彩灯，也没有装饰华丽的餐桌，没有迷人的橱窗，没有精美的圣诞礼物……原来那些东西都太高了，孩子什么也看不见。孩子能看到的只是一双双粗大的鞋和妇人们低低的裙摆，在街上互相摩擦、碰撞、摇晃。

这位母亲第一次站在5岁儿子的角度来观察世界，她感到非常震惊，立刻起身把儿子抱了起来……从此这位母亲牢记，再也不要把自己以为的“美景”强加给儿子。“站在孩子的立场上看待问题”，母亲这次是亲身体会、认识到了这一点。

【感悟】

其实，在一个家庭中，不仅一位好母亲需要站在孩子的立场上看待问题，每个家庭成员都应该这样做。只有换位思考，将心比心，才能够真正了解他人的所思所想，知道如何去宽容对方，保持家庭关系的和睦。

在生活中，我们决不要轻易将自己的想法、逻辑强加于他人，站在不同的角度看风景，各有各的感受。能站在他人的角度上看问题，多为他人着想的人，什么矛盾、争执也就都不会在他身上发生。

其实，只要你懂得“清官难断家务事”到底难在哪里，站在他人角度上考虑问题，解决家庭矛盾就不会很难。因角度不同而引起的纷争，最终需要靠双方的理解和宽容来化解。这种理解和宽容看似“糊涂”，却能让“清官难断”的“家务事”得以明朗。

【糊涂的智慧】

要想维护家庭的和谐，就要懂得宽容和“糊涂”，多站在他人的角度思考问题，多理解他人的难处和痛处，让“家务事”不再难断。

糊涂背后是大爱

《菜根谭》有云：“处世让一步为高，退步即进步的张本；待人宽一分是福，利人实利己的根基。”意思是说：为人处世懂得谦让容忍才是高明的做法，因为退让往往是进步的基础；待人接物能够宽容大度就是有福之人，因为便利别人是为方便自己奠定了根基。“忍，能也”，忍耐确实是有能力、有雅量、有修养的表现，它是积极的、主动的、高姿态的。若人人都懂得这个理，何愁家庭不和谐幸福？

在家庭关系中，对家事不要较真而要“糊涂”，否则你就是真正的糊涂了。夫妻、公婆、兄弟姐妹之间在一起相处，有摩擦在所难免，但并没有什么深仇大恨。都是一家人，何必非要争个输赢、分清对错呢？遇到矛盾，大家相互容忍、相互体谅，事情也就过去了。

俗话说“不是一家人，不进一家门”，既然大家走到了一起，那就是前世修来的福分，大家都应该好好珍惜这份情才对，而不应该因为彼此靠得近些，看到对方的缺点和不足清晰些，就把这些消极因素无限放大，引来不必要的伤害。凡事糊涂一点，不去斤斤计较，能够彼此忍让，相信很多矛盾都会烟消云散的。

有一老翁，有子媳各三，但一家相处融洽，终年不见狼烟。一日闲聊时，老翁谈起与媳妇的相处之道。他举例说，一次大媳妇煮点心，先盛一碗给他，并半征询半内疚道："刚才我好像放多了盐，不知您会不会觉得咸了点?"老翁吃了一口，即答："不会！不会！恰到好处呢！"又有一次，三媳妇煮汤时也给他送去一碗，说："我一向吃得较为清淡，不知您口感如何?"老翁喝了一口汤，忙答："很好很好，正合我的口味。"结果自然是皆大欢喜。

这么简单的一汤一水，就能从中看出老翁智慧的生活哲学。无论口味是咸是淡，终究是儿媳妇的一份心意，如果老翁仅因为这样的小问题而发脾气，那就显得太"不解其中味"了。老翁的忍让正好说明了他对家人的宽容和大爱。

忍让是通向幸福的钥匙。家庭中再有矛盾，也是无关紧要的小事，与其为小事而彼此争吵，还不如彼此忍让，营造一个和谐融洽的家庭环境。有了这种良好的环境，相信生活中的"美味"会更多。

今天是张太太和先生结婚三周年纪念日，她做了满满一桌饭菜，全都是张先生爱吃的。这些菜凉了又热，热了又凉，然而李先生似乎早已忘记了这个特殊的日子，下班几个小时了还没到家。

终于，张太太听到了钥匙的开门声。张先生进门换鞋子的时候，愤怒的张太太真想跳起来把先生推出去。张先生显得十分兴奋，原来他刚看完一场精彩的足球比赛，而且他喜欢的那支球队赢得了比赛。张太太真想在张先生眉飞色舞的脸上打一拳，但是她还是忍住了，在心里对自己说："不能这样，再忍耐两分钟。"

两分钟以后的张太太，怒气不觉降了许多。丈夫本来就粗心大意，而且今晚这场球赛确实是几年才有一次的，他格外惦记也属正常。她不停地安慰自己，然后起身又把饭菜重新热了一遍，并斟上了两杯红葡萄酒。兴奋依然的张先生惊喜地望着丰盛的饭桌："亲爱的，今天是什么好日子啊？”张太太平静地说：“今天是我们的结婚纪念日。”

愣了片刻的张先生抱住张太太：“对不起，亲爱的，今晚我不该去看球。”

张太太笑了，她暗自庆幸几分钟前自己压住了火气。之后，他们度过了一个幸福美好的夜晚。

【感悟】

“再忍耐两分钟”，张太太的忍让立竿见影，避免了一场家庭大战的爆发。如果家庭成员都秉着这样的原则，那么矛盾自然就会减少。忍让，是家庭和谐幸福的一个必不可少的条件。多站在对方的角度考虑，比如，在家里谁说了几句不中听的话，你不妨想“谁没有不开心的时候呢，或许他对什么事误会了，或许他自己在外受到了什么伤害，等过了气头他自然就会想明白了”，等等。我们如果都这样去理解、宽恕、容忍对方的不对，那么就没有什么事情能困扰家庭了。

忍让和宽容不仅是一种美德，亦是人生的最高境界，它是化解矛盾的良药，是沟通心灵的金桥，它在消除怨恨的同时又让我们获得了爱与快乐。家，是人生的避风港，是人生的安乐窝。一个家庭想要“家和万事兴”，家庭里的成员必须要相互了解、相互体谅、相互尊重、相互包容。忍让，能让家庭和睦，彼此的感情也会越来越深。家人的爱是最伟大最无私的，理解了这一点，我们就能在生活中减少无谓的争吵，让爱在家人心中永驻。

【糊涂的智慧】

与家人相处，忍让是必需的，不要凡事斤斤计较，彼此都应多一分体谅，多一分包容。在家里，处处“糊涂”一点也无妨。

不痴不聋，不做家翁

《菜根谭》有云："家人有过，不宜暴扬，不宜轻弃。此事难言，借他事隐讽之，今日不悟，俟来日正警之，如春风之解冻，和气之消冰，才是家庭的型范。"这句话的意思是如果家人犯了什么过错，不要随便大发脾气，更不能用冷漠的态度置之不理。如果所犯过错不好直说，就借其他事情暗示以使之改正；如果无法立刻使他悔悟，就耐心等待时机再殷殷劝告。因为循循善诱，就像春风一般能消除冰天雪地的冬寒，就像暖流一般能融化冻如石块的严冰。充满和气的家庭才是模范家庭。

在中国的传统观念里，大家庭是人们向往的，只要一家人团团圆圆，便是天伦之乐了。然而，人在一起难免会有矛盾。那么，对于晚辈夫妻间的矛盾，做父母的应该如何来应对呢？

常言道："不痴不聋，不做家翁。"就是说父母若遇到儿女们的家庭问题时，应该学会运用"糊涂"的力量，睁一只眼闭一只眼，不能太斤斤计较，只有这样，才不会让矛盾激化。家里的摩擦和矛盾减少了，和谐和融洽也就会多一点。

所以，运用"糊涂"的智慧来处理家庭矛盾能够达到良好的效果。经常装糊涂，家中自会少生许多矛盾，长辈和晚辈之间也能无障碍地沟通。当然，家庭关系是双方甚至是多方的，只有大家共同努力，才能把家庭建设得更好。

唐代宗李豫在位时，郭子仪在扫平安史之乱中战功显赫，成为中兴唐室的元勋，因此李豫十分敬重他，特意将女儿升平公主嫁给郭子仪的儿子郭暧为妻。但是，升平公主和郭暧两人都想着有父亲做后台，互相不服软，因此在生活中避免不了争吵。

有一天，夫妻俩又因为一点小事拌起嘴来，郭暧看见妻子一副趾高气昂的样子，丝毫没有把他这个丈夫放在眼里，便愤懑不平地说：“你有什么了不起的，仗着你父亲是一国之君就这么飞扬跋扈！实话告诉你吧，要不是我父亲打败了安禄山，你父亲的江山早被他人霸占了。我父亲没当这个皇帝，那是因为瞧不起皇帝的宝座。”

郭暧的这些话要是被皇帝知道了，那可是要满门抄斩的。升平公主听到郭暧竟敢出此狂言，觉得一下子找到了出气的机会和把柄，立刻奔回宫中，向李豫汇报了丈夫刚才这番图谋造反的话。她满以为，父皇必定会大发雷霆，严惩郭暧，替她出口气。

可出乎意料的是，唐代宗听完女儿的汇报后，不仅没有发怒，反而平静地说：“你是个孩子，有许多事现在还不懂得。我告诉你吧，郭暧说的话都是真的。天下是你公公郭子仪保全下来的，如果你公公想当皇帝，现在早就没有我们的容身之地了。”除了这番话之外，唐代宗还对女儿劝慰了一番，叫女儿不要抓住丈夫的一句话，乱扣“谋反”的大帽子，夫妻俩和和气气地过日子才是最好的。在父皇的耐心劝解下，公主消了气，主动回到了夫家。

后来这件事很快传到了郭子仪的耳朵里，可把他吓坏了。他认为，小两口打架不要紧，儿子口出狂言，几近谋反，这可是大逆不道啊！郭子仪即刻令人把郭暧捆绑起来，并迅速到宫中面见皇上，请求皇上的责罚。

可是，唐代宗却和颜悦色，没有丝毫怪罪的意思，还劝慰说：“小两口吵嘴，话说得太过了，咱们当老人的不要认真了，不是有句俗话‘不痴不聋，不做家翁’么，儿女们在闺房里讲的话，怎好当起真来？咱们做老人的就把自己当成聋子和傻子，装作没听见就行了。”

听到唐代宗这番合情入理的话，眼见一场大祸即刻烟消云散了，郭子仪紧绷的那根弦这才松了下来。

【感悟】

夫妻两个气头上的话，若较起真来，那可真要满门抄斩了。唐代宗用“不痴不聋，不做家翁”来对待小夫妻吵嘴，不因女婿讲了一句近似谋反的话而大做文章、大动杀机，而是大事化小，使小两口重归于好。面对儿女的糊涂，做家长的也应这般“糊涂”应对。

在处理家庭关系时，糊涂是待人处世的大智慧，如果能懂得运用“糊涂”的艺术，遇事不那么斤斤计较，看淡一点，糊涂一点，家庭矛盾就会大事化小、小事化了。所以，作为家庭成员中有着更多生活经验的长辈来说，遇到晚辈之间的争吵、纠纷时，都应该宽容以对，用糊涂的姿态来处理这些琐事，唯有这样“以和为贵”，才能营造出良好、融洽、和谐的家庭氛围。

【糊涂的智慧】

不痴不聋，不做家翁，既然身为一家之主，就要维护一家的和谐，对家庭中出现的争吵和矛盾，最好的办法是不较真，糊涂应对，让家庭关系保持和谐安宁。

糊涂更能保护孩子的自尊心

古人说：“人之短处，要曲为弥缝，如暴而扬之，是以短攻短；人有顽固，要善为化诲，如忿而疾之，是以顽济顽。”其大意是：当我们发现他人的缺点时，要很婉转地规劝或为他掩饰，若在很多人面前揭发他，这不仅会伤害到他的自尊心，也证明了自己的无知和缺德；我们一旦发现某人个性比较愚笨固执时，就要很有耐心地慢慢诱导他、启发他，若因此生他的气或厌恶他，不仅无法改变他的固执，同时也证明了自己的愚蠢固执。

这句话在家庭中也是适用的，尤其是父母在教育子女的时候，保护孩子的自尊心特别重要。当孩子做错事的时候，一定不能当着很多人的面揭发他，而应该尽量帮他掩饰或者委婉地规劝，这种“糊涂”达到的效果可能比赤裸裸的斥责更好。

强强的妈妈是一个很聪明的家长，她懂得“人之短处，要曲为弥缝”的道理。

一个周三的下午放学时间，正在上小学三年级的强强走进家门，直叫肚子饿，随意找来东西就坐在沙发上吃起来。

妈妈问：“你今天有作业吗？”

“没有！”强强含糊不清地回答，只是专心吃着零食。

“你星期三总是没有作业，”妈妈惊讶地说，“这怎么可能？”

“我们就是没有嘛！”强强坚持说，但妈妈发现强强的眼神不太自然。强强略显紧张地看着她，说：“老师确实没有留作业，如果有我现在就去写了。”

这时候，妈妈看出了孩子在说谎，想彻底检查强强的书包来证明自己的怀疑。但是，她忍住了，她觉得应该给孩子留面子，不然孩子的自尊心会受到伤害。

“嗯，听起来你好像不是特别清楚，要不打个电话问问同学，或许是你听错了呢？这只要一点点时间，省得你明天去学校会有麻烦。”

强强没有吭声，也没有去打电话，他想着自己坚持了这么久的谎言要被拆穿了，那在这之前要不要主动承认错误呢？

“是不是当时你走神了，没有注意到老师布置的作业？”妈妈自然地说，“这种情况经常会碰到。”

强强走到电话旁，拿起了电话。

“喔，真的吗？你告诉我吧。”强强在电话这头有些含糊地问。

妈妈走开了，假装在厨房里忙做菜，她似乎并没有注意强强与同学的对话。

强强放下电话，丢开手上的零食，一边走回自己的房间一边嘟囔：“真有作业！我还以为今天可以轻松一下呢！”

妈妈听见了，也表示惋惜：“真可惜，看样子你今天又不能放松了，不过没关系，周末我们可以想想到哪里去好好玩一次。”妈妈又真诚地补了一句：“你好好写，一会我做好了饭叫你啊！有什么不懂的就到厨房来问我。”

【感悟】

面对强强的撒谎，妈妈并没有直接拆穿和加以斥责，而是装作糊涂，提醒孩子该怎么做。这样一来，既保护了孩子的自尊心，又达到了教育孩子的目的。其实，这样适时装糊涂的做法，在教育孩子的过程中是很有必要的。

家长在别人面前一定要给孩子留面子，督促他反省，让他改正错误。注意场合是非常重要的，如果教育孩子的场合不对，那么一切教育的目的都是无法达到的，只能让孩子对你敬而远之，因为那是对孩子幼小心灵的一种伤害。

在生活中，很多孩子对家长的提醒和批评是没有反抗心理的，或者说，他们非常想改正被指出的缺点和错误，但是他们也有自己的虚荣心，希望得到家长的尊重。

所以，做父母的应该有能包容孩子缺点和错误的心胸，碰到这样的情况应设法给孩子一些空间，最好能让孩子自己把问题解决好，如果不能，给予一些适当的帮助也是可以的。总之，要帮助孩子建立自信，告诉他们错误是允许的，但改正错误也是必须的，这样孩子才能真正进步。

佛教中宣扬的“慈悲为怀”，用在父母对孩子的爱和教育上也是合理的，我们经常说慈母或者慈父，就是对孩子要有仁慈之心，保护好孩子的自尊心。

【糊涂的智慧】

在教育孩子问题上，父母一定要有耐心，允许孩子犯一些错误，给孩子一定的空间和时间，让孩子自己去领悟过错、改正缺点。而父母要做的就是在引导孩子的同时保护好孩子的自尊心，在“糊涂”中让孩子感受到你的爱。

儿孙自有儿孙福，且作糊涂由他去

古人说：“如果儿孙有福，不必先人遗产，也能白手成家。倘若儿孙不肖，任汝万贯家财，不足以供数年挥霍，反令造业，反害儿孙，诚为失计。”这句话意思是：儿孙自有儿孙的路要走，将来是好是坏都掌握在他们自己手中，做家长的不必为儿孙操心太多。如果父母早早为儿孙准备下一切，那么孩子必然会失去奋斗的动力，这也不能称为真正的人生，因为坐享其成的生活是没有意义的。

在佛教中，一切都讲究顺其自然，教育子孙亦是如此。作为父母，望子成龙、望女成凤是好事，但子孙有自己的路要走，父母千万不要用自己的思想来限制他们的选择，更不能事事代之选择、操办。

有一人，家徒四壁，一贫如洗，妻儿都跟着受累。他的妻子埋怨他：

“人家都有钱，你看看你，我就不说了，但孩子让你给饿的，脸都是青的。”

这个人回答道：“流年不顺，没有收成，街坊四邻也都穷，又没个亲戚，借都借不来，我能咋办呀？”

妻子说：“借不来，偷你总能偷吧？”

“哪里去偷？”

“财主家。”

“财主家高墙大院的，我根本翻不过去。”

妻子给他出了个主意：“他家院墙不是有排水的水眼吗？你可以从那钻进去呀。”

这个人却反驳道：“财主家有的是护院，个个如狼似虎，我的脑袋一钻进水眼，护院的人肯定会打碎我的脑袋。”

妻子又提议说：“你不会拿个瓢先试试，打碎了就别进去。”

他照妻子的话去做，结果瓢一进水眼，护院就将瓢打碎了。他心中就想，我连偷都偷不来，还怎么回去见妻儿？于是，万分羞怒的他离家出走了。

二十年后，此人靠乞讨为生，流落街头直到了自家门口，一打听才知道，儿子过得很富足。此人无颜见妻儿，就在墙上提下一首打油诗：

二十年前把人偷，一棍打破葫芦瓢。

儿孙自有儿孙福，莫为儿孙作马牛。

佛教思想注重一切随缘，每个人的命都是前世注定的，再怎么强求也没用。这个民间故事无疑是个悲剧：如果这个人当初不是承受着那么大的精神压力，就不会离家出走，背井离乡。多年以后，当他还活在自己的阴影里时，原来儿子已经过上当年财主家那般的生活了。

自己的生活要自己来操纵，自己的人生道路必须是自己来走，任何人都帮不上忙，所以，父母与其终日为孩子殚精竭虑，倒不如糊涂一点，放宽心让孩子过自己该过的生活。

据传，明朝宣德年间，官员罗伦的父亲是个秀才，早年寓居泉州，因家境贫寒以及科场失意，只得到外地当私塾先生。

罗秀才当时已经成家，妻儿都有。妻子是大家闺秀，一时不习惯干家务，罗秀才在外地当先生，很少回家，家里的事务，全由儿子帮忙打理。

有一年春节，罗秀才回家过年。一天，他觉得儿子罗伦已经七岁了，就想考考他对对子的本事，以便送他入私塾读书，将来好求取功名，出人头地。当时，罗秀才出一个“天”字让罗伦来对，由于罗伦平日总是帮助母亲做家务，没学过如何对对子，结果一时对不出来。他母亲在一旁干着急，便侧过身来，暗中用手指地，意要罗伦以“地”对“天”，没想到其手指正对着地上的鸡屎，罗伦赶快回答说：“天对鸡屎”。罗秀才被这一对子气坏了。

罗秀才又严厉地问：“‘父亲’对什么?”他母亲怕他再对错，惹怒了父亲，便又侧过身来，暗中用手指指向自己，意要罗伦以“母亲”对“父亲”。无奈罗伦不明其意，见母亲的手指正对着乳房，便急忙说：“父亲对奶。”罗秀才顿时心灰意冷，既恨自己与科举无缘，又怪儿子的蠢笨，见日后前途无望，一气之下，便抛妻别子出家当和尚去了。

罗秀才的遁世，给这个原来就十分贫穷的农村家庭带来很大的打击。起初，他的妻子十分悲伤，成天以泪洗面，后来渐渐地想开了，只好坚强地挑起家庭重担。她除日夜辛勤地纺纱织布外，还想尽各种办法开发儿子的智力，教他学习。罗伦年纪虽小，却非常争气，每天上山放牛砍柴时，身边总带着书本，学习非常认真刻苦。长大后，又得名师的指点，进步更快。二十五岁时，罗伦考中了举人。

罗伦中举后，为答谢母恩，便给母亲做生日。消息传开后，离家十八载的罗秀才喜出望外，迅速返家探访。守门的人根本不认识他，便入内报说有一个和尚前来化缘。罗伦的母亲便慷慨地吩咐拿出一千文钱捐赠给他。谁知那和尚直摇手表示拒绝，口中念道："阿弥陀佛，善哉，善哉！"看门人再进去禀报，罗伦母亲以为那和尚嫌少，又吩咐再加一斗米给他。那和尚仍然不肯接受，只求能亲眼看看新科举人的模样。

正当看门的人左右为难时，恰好罗举人从大厅里走出来，和尚终于看到了自己一别十八载的儿子。待罗举人入内后，和尚又提出要求："有话想和罗太夫人当面说说。"看门人认为男女授受不亲，且一个和尚竟有如此非分之想，便不予理睬。和尚无法，最后只得求取笔墨留言，看门人只好答应了他。和尚提笔就在墙壁上题了一首诗："离别家乡十八秋，千钱斗米我不收；儿孙自有儿孙福，莫为儿孙作马牛。"

和尚题诗之后，安然转身就走，一直没有回头。后来，罗伦和他的母亲得知这个情况之后，赶出来看这首题诗。母亲大吃一惊，原来这个和尚正是她日夜思念的丈夫，遂嘱咐家人四处寻找，可那和尚早已不知去向。

从此以后，"儿孙自有儿孙福"便成为一句俗语，并在福建泉州一带流传了下来。

【感悟】

这是一个闽南民间传说，且不论事情的真实性，这对现代父母还是有着一定的警醒意义的。

现在的家长在教育孩子的问题上，并不是非常理智的。很多父母年轻的时候，往往有过许多没有实现的梦，于是，他们希望自己的理想能够在孩子身上得以实现；更多的父母在面对这个社会的压力时，对孩子的要求太高，不希望孩子输在起跑线上，所以就让孩子从小背负着太多的期望和难以承受的学习压力。

这种望子成龙的心情可以理解，但无论什么事都应该有个度。其实，在生活富足的今天，如果孩子从未经受过先辈们所经历过的种种苦难，孩子的人生就不是完整的。过度的保护并不能真正帮助孩子成就某些事，父母应该让孩子自己去经历，自由地走自己的人生。

父母该做的就是尽到自己的责任，给孩子关爱，而不是溺爱；给孩子指引方向，而不是指定方向；给孩子自由和尊重，而不是填鸭式的教育。对于很多无能为力的事情就不要过于强求，糊涂一点，任由他去，可能孩子的人生会有不一样的精彩。

【糊涂的智慧】

儿孙自有儿孙福，且作糊涂由他去，生活中，孩子遇到的问题就让孩子去面对，路是他们自己的，放开手，让孩子自己走吧。“糊涂”的教育方式换来孩子不糊涂的人生，是非常值得的。

第九章

若无物，何处惹尘埃：世上本无事，庸人自扰之

墨汁在画布上可以成字成画，而提笔在空中挥舞笔墨却无法写出任何东西。这是因为天地之间是一场空。因为其空无，所以不会沾染任何尘俗。人生亦如此。你能被烦扰所侵，正是因为你具有烦恼可着落之处，就如那画布。而适当的糊涂则可以助你接近菩提之心，摆脱诸多烦恼。

明镜亦非台，何处惹尘埃

神秀说："身是菩提树，心如明镜台，时时勤拂拭，勿使惹尘埃。"

慧能说："菩提本无树，明镜亦非台，本来无一物，何处惹尘埃。"

两个和尚，两种禅偈，折射出的是两种修禅的思维。神秀的境界属于比大众高一等，能够做到时时排除烦恼，保持心灵的洁净与安宁；而慧能则是直接看空一切，对任何事物都不放在心中，可见他的境界更高一层。

对于大众来说，或许一下子难以做到慧能那样，但是可以试着先做到神秀那样，最起码也可以试着故作糊涂。

对佛学颇有研究的明代大儒王阳明说："心外无物，心外无理。万事万物都存乎一心。"是的，就好比睁眼看到万紫千红，而闭眼则只有一片黑暗一样，当你去感知这个世界的时候，世界便清晰了起来，而当你的心灯熄灭，世界也将不复存在。

这或许听起来有点别扭，但事实确实如此。比如说，当你看到小动物遭受歹人的虐害时，心里就会生出对小动物的怜悯以及对歹人的愤恨，而这怜悯和愤恨就是你看到了虐害事件后才生出的。

如果你没有见到这事件，自然心如平湖。要知道，这个世界上的好多角落都在不断地上演着人类虐待动物的事件，它们是真实存在的，然而就因为你看不到那些角落，不知道那些虐待事件，所以你的心仍然静如平湖，此时，这些事件对于你就是不存在的了。

烦恼也是如此。当你想它的时候，烦恼就会不断地侵扰你；而当你清心寡欲时，这些烦恼就变成了虚无。实际上，烦恼本来就是虚无的，当你不烦恼时，烦恼便不存在于你的心中，同时也不存在于这个世界上，它只因你的烦恼心而存在。

由此可见，主导这个世界的正是人们的心，心境不同，环境也就不同。持有什么样的心态就会拥有什么样的世界。

而糊涂就恰恰是一扇能将各种俗世尘埃隔挡在外的心门，如何巧妙地利用这扇门需要你多加思考和练习。

韩国的镜虚禅师带着新出家的弟子满空出外布教。满空一路上嘀咕不停、牢骚不断，嫌自己背的行囊太重，时不时请求师父找个地方休息一下，镜虚禅师却说："路途那么遥远，老是休息，何时到达目的地？"因此不肯答应，自己只管精神饱满地继续向前走。

有一天，师徒二人经过一座村庄，正好看到一个姿态美丽的妇女从家中走出来。镜虚禅师突然上前猛地抓住那位妇女的双手，妇女吓得拼命尖叫起来。妇女的家人和邻居闻声出来一看，以为和尚正在轻薄妇女，便马上拿起棍棒冲了出来，齐声喊打，镜虚禅师不顾一切地朝前飞奔而去，满空背着行囊也跟在师父的后面奔逃。

跑过几条山路之后，镜虚禅师见村人没有追上，便在一条山路边停了下来，回头看见徒弟气喘吁吁地跟了过来，就问他："跑了这么远的路，还觉得行李重吗？"

"师父，好奇怪！刚才奔跑的时候，一点都不觉得行囊有多重！"

【感悟】

行李重不重？或许重。但是行李重不重的感受却会因为心境的不同而发生变化。小和尚一路狂奔，只顾着逃跑，注意力全放在了脚下，因此，尽管行李的重量并没减少，小和尚却完全没感受到其重量。这就是镜虚禅师的智慧之处，他知道苦口婆心不能减轻小和尚的负担，但是注意力的转移却可以立竿见影地让小和尚忘掉身上的负担。在人生中，你我都可以通过转移注意力的方式来摆脱一些枷锁或负荷，有时候，不妨做一些出乎意料的糊涂之事。

其实，生活中的好多事情都是如此，只有你一心着意，它们才存在，只要你不予理睬，它们便无影踪。糊涂，就是不去着意，不予理睬。

【糊涂的智慧】

味道恶臭，你会捂住鼻子不闻；情景恐怖，你会紧闭双眼不观；声音嘈杂，你会堵上耳朵不听。那么，琐事烦扰你的心灵时，为何不能将它们主动关在心门之外呢？好多东西，好与坏、美与丑，其差别就只是你心尖的一跳。聪明与糊涂、智慧与愚钝，其差别也只在你的心和他人的心所作出的评判中。愚钝者往往糊涂，而糊涂却不一定是愚钝。

不要让无谓的争执伤人害己

人们在生活中免不了要与别人交际，而一旦交际就免不了误会和争执。而这诸多争执之中的大部分其实都是完全没必要的，因为它们要么是误会引起的，要么是琐碎细小的无谓之争。殊不知，在短暂又虚幻的人生中，争执本身是多么的可笑。

从前，在一座山上有一间客栈。

一天傍晚，有一位甲客官跋涉到山中，决定在客栈借住一宿，谁知主人却和他说："所有的客房都住满了，仅剩的一间客房却频频闹鬼。"

甲客官听后一点都不害怕，对主人说："这个世界上哪里有鬼！我看多半是胆小的人造出来的谣。我可不怕鬼！"说完，便在那间"闹鬼"的客房休息了。

就在天快要亮的时候，又有一位乙客官来此客栈住店，主人也和他说了一样的话。

乙客官也信誓旦旦地说："我不怕鬼！"

整整一个晚上，甲客官都在揣摩鬼是否真的会出现。就在这个时候，乙客官正准备开门进房休息，甲听到开门声，心里想："恐怕真是有鬼来了！"乙也在心里想："鬼恐怕就在屋内！"结果，乙客官在好奇心的驱使下拼命地推门，而甲客官却因害怕而死命地将门抵住……

最后，乙客官终于硬闯了进去，甲客官连忙猛力捶打乙客官，而乙客官也奋力地进行还击，双方顿时纠缠扭打成一团。

待到天亮后，两人一看彼此，才发现对方竟然是自己的老朋友，两人却因为一场误会而争斗了一晚上，真是欲哭无泪。

这就是因为误会而引发的争执，仅仅一门之隔，却让甲和乙都认为对方是鬼。生活中的好多争执就是这么滑稽，当事人全力以赴地保护自己、伤害对方，却不知道所有的举动都是白费力气。只要适当地冷静和装下糊涂，或许就可以避免这些真正糊涂的无谓之争。

有一对兄弟，两个人一起出去打猎，看见一群大雁从远处飞来，两人赶忙张弓搭箭准备将大雁射下来。哥哥搭着箭说："现在的大雁肉比较肥，等射下来后咱们得煮着吃。”没想到立刻遭到了弟弟的反对：“要是大鹅的话煮着吃还不错，大雁的话最好是烤了吃，烤过的肉既香又酥。”“我是哥哥，得听我的，必须煮着吃！”“我偏要烤着吃！”

两人争来争去没个结果，于是到村里长辈的面前，让他们做个评判。长辈对他们说：“你们把大雁肉一半煮着吃一半烤着吃不就行了。”哥儿俩一听，果然是个好主意。

可是，等到他们再回去之前射雁的地方时，早就无法看到那群大雁的影踪了。

【感悟】

这个故事中的争执是如此的没必要，然而在生活中却偏偏是这类的争执最多。其实，只要抽出身来想一想，就能明白争执的可笑之处，然而人们就是不会这么做，对于他们来说，动一动脑筋比登天都难。

省下了动脑筋的力气，却浪费了吵架的力气和时间，多么不值得。所以，争执还是应当能免则免。否则，一辈子都免不了做出各种真糊涂的事。

【糊涂的智慧】

有智慧的人绝对会尽量避免发生争执，因为争执不仅没有必要，且常常在伤害到对方的同时也让自己无法平心静气，甚至有人因为争执而被活活气死。所以，争执不仅是应该避免的，而且是必须避免的，以免使自己受到过大伤害而后悔莫及。

不吹毛求疵，才能发现生活的美好

有的人对于自己的缺陷和缺点十分介意，久而久之，总是觉得自己不够好，开始变得自卑起来。他们总是觉得自己的生活不圆满，这也不如意那也不舒心，因此心情十分抑郁，觉得生活乏味至极。

不如试着去接纳自己的缺陷。其实，缺陷也是一种美，不完美只是生活的一部分，拥有缺陷是人生另一种意义上的丰富与充实。每个人都有缺点，但你看待它的方式，将决定能否把这些“缺点”转化为“优势”。

有时候，有些缺点也许恰恰在不经意间铸就另一种人生。所以，不用害怕别人嘲笑自己的缺点，糊涂处世，不予理睬，只要认识到自己缺点的有益之处就好了。

有两个水桶，其中一个有裂缝，而另一个则完好无缺，它们被挑水的农夫分别吊在了扁担的两头。每次经历长长的挑水之路后，完好无缺的桶总是能将满满的一桶水从溪边送到家中，而那只有裂缝的桶每次到家时却总是剩下半桶水。

农夫就这样年复一年地每天挑水回家，完好无缺的桶开始对自己能够送满整桶水而感到自豪，而破桶则羞于自己的缺陷，对自己只能装一半的水而感到难过不已。

许多年后，饱尝失败苦楚的破桶再也无法忍受，它在小溪旁对农夫说：“我实在是惭愧，请你务必接受我的道歉。”

“这是什么原因？”农夫问道，“你为什么觉得惭愧？”

破桶回答说：“都怪我身上的这道裂缝，害得你在过去的几年里每次只能送半桶水到家，由于我的缺陷，即使你使出全部的力气，却也只能收到一半的成果。”

农夫听到破桶的话后和蔼地说：“下次我挑水时，你在我们回家的路上要好好注意一下路的两旁。”

又到了挑水回家的时候，破桶往山坡上一看，眼前为之一亮，原来，在温暖阳光的呵护下，路的一旁开满了缤纷的花朵，看着如此美丽的景象，破桶不禁陶醉了，心里也愉快了不少。

然而，刚一到家，破桶又难受了起来，因为它又像往常一样将一半的水全漏在了路上！破桶再次惭愧地向农夫道歉。

农夫的态度却十分温和，他说：“我让你留意一下路的两旁，意思就是让你观察对比一下，看来你没注意到啊。在小路的两旁，只有你的那一边有花，而好桶的那一边却没有花，你知道是为什么吗？其实，你的缺陷我早就知道，但我利用的正是你的这个缺陷啊，我把花种撒在了你那边的路旁。这样，每次我从溪边回来，你就替我浇了一路的花。多年来，这些美丽的花朵将我的餐桌装饰得更加美丽了。如果你没有这个缺陷，我的桌上也就没有这么好看的花朵了。所以，你的缺陷从另一个角度来看，却成了优点了。”

【感悟】

这则小故事告诉我们，人生不需要追求完美，好好审视一下自己的缺点，或许就能发现它的另一番用处。生命中有个小小的短处，未尝就不是一件美事，它或许能将我们带入另一片风景。我们可以选择走出不完美的心境，而不是在不完美里哀叹。假如我们一味地追求所谓的完美，就不可能轻轻松松地面对生活了。聪明人有什么理由去拒绝轻松的生活呢？只有愚笨之人才会糊涂至此。

【糊涂的智慧】

糊涂的人往往爱锱铢必较，不放过任何一点小利益。“捡了芝麻丢了西瓜”就是指为贪小便宜而吃大亏的人，他们自认为聪明，却恰恰做出了让人发笑的糊涂事。真正的聪明人会在该糊涂的地方糊涂，而糊涂中透着聪明。

懂得糊涂才能别出心裁成大事

“贫贱是苦境，能善处者自乐；富贵是乐境，不善处者更苦。”贫贱与富贵，生活中的种种事情，是苦是乐，就看个人的心态了。“我有功于人不可念，而有过则不可不念；人有恩于我不可忘，而怨则不可不忘。”此乃糊涂真言也。

“聪明看世情”不太难，当一个人步入而立之年，哪怕再世俗愚昧，总会有一份感悟。饱尝悲欢离合、得失喜乐、人情冷暖、世事沧桑，你是否能看淡、看透？是否能凡事凡情都不计较，挥一挥手让一切过去？不难为别人，其实也是不难为自己。人生在世，有很多的事情要考虑，而明智的处世态度就是做到大事不糊涂，小事不较真。

中国近代著名的思想家梁漱溟先生早年曾多次报考北大，却没有考上，后来就读于直隶“公立法政专门学校”——以后人的标准来看，他只能算是“中专学历”。然而，北大第一任校长蔡元培先生却向梁漱溟发出了邀请，聘任他为北大教师。

原来，蔡元培知道梁漱溟曾对印度的佛学有过研究，且在某杂志上发表过相关的以西洋学说阐述印度佛家理论的文章。正是这篇文章使得梁漱溟的能力得到了蔡元培的认可。

当时只有24岁的梁漱溟感到有些受宠若惊，也担心自己的学问不足以胜任。他对蔡元培说："我只不过初涉佛典，于此外的印度哲学实无所知。"蔡元培当即反问道："那么你知道有谁能教印度哲学呢？"梁漱溟说："不知道。"蔡元培接着说："我们亦没有寻到真能教印度哲学的人。横竖彼此都差不多，还是你来吧！"

就这样，年纪轻轻的梁漱溟既没上过大学，也没留过洋，却登上了全国最高学府的讲台。

蔡元培治校严谨，同时又活泼，北大所设部门、所开专业皆是为了使大学有浓厚的学术氛围，佛学也好，农业也罢，无论什么专业、什么知识，只要是对国对民有益的都可开，无论中外教授，只要有师德有学术，一律聘用。他不以派别定人，复辟派的辜鸿铭也好，复古派的陈汉章也罢，主张白话文的胡适也好，反对白话文的黄侃也罢，只要够资格的全部接受。正因他的这种做法，才成就了北大的学术自由、兼容并包。

蔡元培什么课都设置，什么教授都招，看似糊涂，其实内藏过人之处。正是他这种精神和态度，才使得北大焕然一新，同时，也使得他自己成了中国教育史上拥有崇高地位的人。

聪明有大聪明与小聪明之分，糊涂亦有真糊涂、假糊涂之别。真正聪明、正直的人，大可不必在一些琐碎小事上锱铢必较，此时"糊涂"一下又何妨？只要能在大事上、原则上保持清醒头脑就行了。俗话说："真正聪明的人，往往聪明得让人不以为其聪明。"这句话的本意不也就是"大智若愚"的内涵吗？聪明的人表面愚拙糊涂，实则内心清楚明白，这不是一种更为高明的处世艺术吗？

有个砂石老板，既没什么背景也没什么文化，生意却越做越好。原来，这个老板懂得恰到好处地糊涂，对于面前的利益，能舍弃的就舍弃，从不与人争，与别的生意伙伴合作时也总是把大头让给对方。因此，凡是与他合作过的生意伙伴，都喜欢继续与他合作。不光如此，合作之余，他们还会介绍自己的朋友给这个老板，所以他的客户也越来越多。大家都觉得这个老板好合作。

其实，这个老板知道，虽然自己每次只拿小头，但是由于客户多，全部的小头加起来就成了大头。

在成功的道路上，如果只知道进而不知道退，只愿意得而不愿意舍，那么必然处处被动、整体失利。在得失面前，不妨多一些糊涂，过于计较得失往往会导致得不偿失。

李渊任太原留守的时候常常和突厥交战，且鲜有胜利，所以，突厥对于李渊来说，简直就是不共戴天的敌人。

后来，由于要起兵反隋，李渊担心出兵多会让突厥兵乘虚而入，而出兵少又不足以打败隋军，自古以来，腹背受敌者必败。鉴于此，李渊决定摒弃前嫌改善与突厥的关系。于是，李渊向突厥称了臣，并表示愿与突厥和亲，但要求突厥助他反隋，只要不伤害百姓即可。

突厥无法拒绝与自己打了许多年的李渊的讲和请求，也对李渊所许诺的女人和财宝渴望不已，便同意了讲和并资助了李渊许多士兵和马匹。

没有了后顾之忧的李渊率领大军起义，一举灭亡了隋朝，建立了大唐。

【感悟】

对于李渊来说，和国家的政权相比，财物和女人甚至名誉都是那么的微不足道。他放弃了小利益，向自己多年的敌人称臣，虽然耻辱，但是却得到了整个江山。“不计得失以成大为”，“能成大事者往往不拘小节”。不计得失、不拘小节，这都是充满大智慧的糊涂之道。懂得糊涂策略的人，善于将聪明隐藏在愚笨之中，知道何时取、何时舍，这才是成功之道。

【糊涂的智慧】

《菜根谭》中说：“天运之寒暑易避，人世之炎凉难除；人世之炎凉易除，吾心之冰炭难去；去得此中之冰炭，则满腔和气，自随地有春风矣！”懂得糊涂处世，方可无视人生炎凉。

懂得糊涂策略的人善于收敛

收敛，就是藏而不露，藏而不露既是一种魅力，也是一种糊涂策略。在与人的交往中，我们必须学会内敛，避免过度的炫耀。炫耀不仅会令人反感，甚至会惹来祸事。

有一个木匠，带着徒弟们出门。师徒几人在山路边看到一棵巨大无比的栎树，这棵大树的树荫可以容纳几千头牛在树下休息，树枝十分的粗大，粗到可以用来做造船的材料，至于树干，就更是粗大了。面对如此大的一棵树，许多路人都忍不住地感叹，木匠的徒弟们也叹为观止，而木匠只瞟了一眼栎树便掉头走了。

徒弟们感到莫名其妙，追上木匠问道：“师父，这么高大华美的树木还是第一次见到呢，怎么不多看看呢？”

木匠说：“这棵树是无用之才。做船船会沉，做棺材棺材会腐烂，做家具家具会损坏，做门窗会流出树脂，而做柱子又会长蛀虫。正因为如此没用，才得以长到了这么高大而不被人砍伐。”

晚上，木匠竟然梦见了这棵大树，大树说：“我没用也有没用的用处。就像你说的，我没有可用之处才得以生长到现在这么高大，而那些桃树、梨树往往果实一成熟就会被人拉扯攀折。”

栎树看似无用，却有着生命上的“大用”。其实人也是一样，好多人都是因为过度的炫耀而遭致一败涂地。锋芒毕露，过于张扬，你的流光溢彩就会使周围的人相形见绌、黯然失色，因此得罪他人，从而受到他人的攻击。

凡事低调内敛，就可以避免许多无妄之灾。

曾经有个自命不凡的秀才，平常喜欢吟诗作对，还爱在人前炫耀自己的文采，走到哪里都要吟上一两句诗，来显示自己的与众不同。

有一天，秀才需要坐船过江办点事情。船行至江中时，秀才见江中巨浪滔滔，气势宏博，突然来了灵感，非要作诗，激动得站起来要对着船家吟一首。

船家急忙阻止他道：“客官您快坐下，风大浪急，你这样做是很不安全的。”

秀才被船家打断了诗兴，非常不悦地说：“你嚷嚷什么，到嘴的诗都被你嚷嚷忘了。像你这等俗人，全然无法体会像我这种诗人胸怀旷古的佳句还没吟出口就被人打断的痛苦。”

船家摇了摇头，说：“我劝你还是坐下的好！就算再好的诗句，能有自己的小命重要？”说时迟那时快，突然一个浪头打来，船身剧烈地摇晃了一下，秀才差点被浪掀落到江里，顿时吓得面色如土，软软地趴在船头，汗流浃背，心跳如鼓，不但吟诗的雅兴荡然无存，甚至连大气也不敢出了。

【感悟】

我们不能贪图生活中一时的名利与荣耀，总是为自己的一点优点洋洋自得。很多人一旦有了成就就希望得到别人的承认和赞扬，就会有意无意地展示自己的长处，却不知道这可能引来灾祸甚至死亡。

【糊涂的智慧】

在与人相处的过程中，千万不可炫耀自己，要学会内敛。炫耀的行为是对他人的不尊重和挑衅，炫耀自己会衬托出他人的无知和浅陋，惹人怨怒。因此，聪明人绝对会收敛自己的锋芒和光环。